나무

나무

김용택 시집

창비

차 례

시의 집	7
나무	8
올페	10
이 소 받아라	12
때로 나는 지루한 서정이 싫다네	14
1998년, 귀향	16
겨울, 채송화씨	18
세한도	21
구절초꽃	34
봄바람에 실려가는 꽃잎 같은 너의 입술	35
잠시 빌려 사는 세상의 집들이 너무 크지 않느냐	45
어둠속에 꽃이 묻힐 때까지	49
흰나비	53
시의 귀가 열렸구나	58
귀거래사	61
풀잎	67
숲	70
눈이 오면 차암 좋지?	73
향기	76
저 산은 언제 거기 있었던가	77
뜬구름	80
가을, 평화동 사거리	81

겨울, 평화동 사거리	82
맨발	84
시를 쓰다가	85
해설	86
시인의 말	105

시의 집

푸른 산을 그리며 메마른 땅에 꽂히는 삼대 같은 저 소낙비, 흙먼지를 일으키며 시의 집으로 나는 내달린다.

나무

강가에 키 큰 미루나무 한그루 서 있었지
봄이었어
나, 그 나무에 기대앉아 강물을 바라보고 있었지

강가에 키 큰 미루나무 한그루 서 있었지
여름이었어
나, 그 나무 아래 누워 강물 소리를 멀리 들었지

강가에 키 큰 미루나무 한그루 서 있었지
가을이었어
나, 그 나무에 기대서서 멀리 흐르는 강물을 바라보고 있었지

강가에 키 큰 미루나무 한그루 서 있었지
강물에 눈이 오고 있었어
강물은 깊어졌어
한없이 깊어졌어

강가에 키 큰 미루나무 한그루 서 있었지 다시 봄이었어
나, 그 나무에 기대앉아 있었지

그냥,
있었어

올페

봄꽃들이 지는 날, 너의 글을 읽는다. 땅위에 떨어져 있던 흰 꽃잎들이 다시 나무로 후루루 날아가 붙는다.

인생은 꿈만 같구나.

다시, 꽃나무가, 시 한편이 고스란히 세상에 그려진다.
흰 꽃 속에서 새가 운다.
아이들이 꽃나무 아래에서 하늘을 올려다본다. 꽃이파리들이 아이들 사이를 날아다닌다. 아이들이 날아다니는 꽃잎을 쫓고, 의현이와 은미가 시를 쓴다.

벚꽃잎이 하나씩 날아갑니다. 어디로 가는지 모르겠지만 얼마 안 가서 빙글빙글 돌며 떨어질 걸요

향기로운 꽃은 누굴 주고 싶어서 피었을까. 나도 꽃을 좋아한다. 아, 아, 나에게도 누가 꽃을 줄까.

꽃나무 아래에서 하루,
올페는 죽을 때 나의 직업은 시인이라고 했다.

 * 시의 맨 끝줄은 김종삼의 시 구절이다.

이 소 받아라
박수근

  내 등짝에서는 늘 지린내가 가시지 않았습니다 업은 누이를 내리면 등에서는 김이 모락모락 피어났지요
  누이를 업고
  쭈그려 앉아 공기놀이나 땅따먹기를 하면
  누이는 맨발로 땅을 차며
  껑충거렸지요 일어나보면 땅에는 누이의 발가락 열 개 자국이 또렷하게 찍혀 있었습니다
  나는 누이 발바닥에 묻은 흙을 두 손으로 털어주고 찬 두 발을 꼭 쥐어주었습니다

  어머니는 동이 가득 남실거리는 물동이를 이고 서서 나를 불렀습니다
  용태가아, 애기 배 고프겠다
  용태가아, 밥 안 묵을래
  저 건너 강기슭에
  산그늘이 막 닿고 있었습니다
  강 건너 밭을 다 갈아엎은 아버지는 그때쯤
  쟁기 지고 큰 소를 앞세우고 강을 건너 돌아왔습니다

이 소 받아라

아버지는 땀에 젖은 소 고삐를 내게 건네주었습니다

때로 나는 지루한 서정이 싫다네

시냇가에 파란 새 풀이 돋아나고
풀잎 끝에서 태어난 아름다운 물은
풀잎들 사이를 지나 어디로 가는가 그리고
오, 내 사랑은 어디에서 어디를 지나 내게로 와 이리 슬프게 내 몸에 닿는가
때로 나는 지루한 서정은 싫다네
평화동 네거리 서학동 방면으로 가는 신호등 옆 휴대폰 중계탑 우에
까치같이 살다가
아침이면 코롱아파트 곁을 지나
푸른 산 푸른 강으로 나가 수많은 나무와 꽃들을 만나지만
때로 나는 지루한 서정은 싫으이 그러나
사랑은, 내 사랑은 어디에서 어디로 오는가
새로 돋은 풀잎을 스치고 흐르는 물처럼
내 곁을 스쳐지나간 저 봄꽃 꽃이파리들같이
그대는 그냥, 내 곁을 간단히 지나쳤을 텐데
내 마음 깊은 곳에서 병처럼 꽃들은 피어나네 피어난

꽃들은 돌림병처럼 산을 넘고 들을 건너
뿌옇게 오염된 저 아파트 숲에도
피어난다
아, 사람들은 아직도 꽃이 아름답다 하지만
나는 봄바람 속 이 화사한 봄꽃들이 싫으이
오, 사랑은 어디에서 어디로 오는가
파랗게 자란 풀잎들 사이로 아름답게 흘러가는 시냇
물은 어디에 가서 까맣게 죽는가
　그대 곁을 스치다가 병든 내 사랑은 어디에서 꽃피는가
희고 노란, 그리고 연분홍으로
꽃들은 오늘도 오염처럼 내 몸을 스치는데
오, 내 사랑은 어디로 와서 어디로 가는가
이 봄 나는
내 몸 어딘가에 열꽃처럼 숨어 있을 이 지루한 서정이
싫으이

1998년, 귀향

가난은 아름다웠지만
귀향은 치욕이다

실업의 고통이 겨울 강변을 깨끗이 청소한다
강을 잡아먹던 나무들을 자르고 쓰러뜨리는 공공근로 사업자들의 느린 작업이 신문지를 덮은 서울역 노숙자들의 긴 행렬로 이어져 굽이굽이 누추한 강으로 드러난다
돌아온 자들은 떠났던 자들이니
누가 다시 고향에 돌아와 누구와 눈 맞추고 산천을 똑바로 쳐다보리
나라는 빚지고
뼈 휜 내 노동은 털렸다 탈탈 털면 하얀 이들이 떨어지던 몸은 김이 났었다 이제 망가진 몸뿐이니
찬 술로 세상에 설 뿐이다. 아이들도 아내도 서울에 두고 빈집에 돌아와 날마다 고래고래 고함을 지르며 손에 잡히지 않는 낫과 괭이와 등에 닿지 않는 지게를 때려부수고 녹슨 쟁깃날을 내던지며 밤이면 아, 밤이면 밤마다 별 볼일 없는 내 일생의 서러운 논밭을 뒤적인다

늦은 밤 변소길에 본 집 앞 가로등 저쪽 캄캄한 어둠
속을 흐르는 물소리는 얼마나 무서운가
환하게 밝아오는 내 고향의 아침은 얼마나 겁나는가

가난은 아름다웠지만
고향은 치욕이다

겨울, 채송화씨

 아내는 나를 시골집에다 내려놓고 차를 가지고 돌아
갔다.
 갑자기, 가야 할 길과
 걸어야 할 내 두 발이
 흙 위에 가지런히
 남는다.

 어머니 혼자 사시는 우리집 마당에 발길 닿지 않는 땅
이 이렇게 많이 있다니? 가만가만 돌아다니며 마당 가
득 발자국을 꾹꾹 찍어본다. 이 마당에서 벌거벗고 뛰어
놀던 내 형제들과 이웃 아이들의 웃음소리 대신 어머니
는 해마다 발 디딜 곳 없이 마당 가득 화려한 채송화를
피워놓는다. 정말 환하다. 달빛은 환해서 세상의 모든
욕망을 죽이고 나무만을 따로따로 달빛 아래 세운다. 달
빛은 모든 것들을 떼어놓고 너희들의 말이 거짓이었음
을 그렇게 보여준다. 물만 흐를 줄 안다. 발 밑에서 참
지 못하고 깔깔대는 까만 채송화씨들이 세상을 걷느라
두꺼워진 내 발바닥 깊은 속살에 닿는다. 살아 있는 씨

가 세상의 정곡을 찌른다.

  나는 이 세상 모든 길들을 거둔다.

  세상의 소식이 닿지 않는 이 간단 명료한 사랑을 나는 알고 있다.

  사랑이 아름다운 현실이다.

  이 세상 모든 살 구멍이 열리고 뼈마디가 허물어져내리는 사랑을 나는 안다. 시를 써야지. 자고 일어나고 밤 먹고 일하는 사람들의 하루가 꽃이 된다. 칠십 평생 고된 노동으로 이룬 따뜻한 어머니의 잠 속으로 들어가 자고 싶다. 어머니의 깊은 잠만이 나를 새로 깨울 꽃이다. 수백 수천 대의 자동차 바퀴 구르는 소리에 깔려 잠을 자던 내가 창호지 문지방에서 꼬물거리는 겨울 벌레 소리에도

  눈을 뜬다.

  낡은 내 몸

  어디에

  새로

  뚫릴

귀와
눈이 있었던가.
나는 깨끗하게 죽을 것이다. 내 죽었다가, 수백번도 더 죽었다가 살아났던 내 청춘의 오래된 이 방에서 나는 오랜만에 겨울 달빛으로 맞아 죽는다. 저 황량한 거리, 재활용이 불가능한, 쓰레기 같은 모든 거짓 사랑 속에서 미련없이 걸어나와 누구도 닿지 않는 먼 잠을 자리. 저 물소리 끝까지 따라가 잠자는 겨울 채송화씨, 그 끝에서 나는 자고 깨어 그리운 우리집 마당으로 꽃이 아니면 다시 오지 않으리. 꽃이 아니면 나는 나를 이 세상에 허락하지 않으리

오, 죽지 않고 사는 것은 거짓뿐이니. 너를 따라온 모든 낡은 길들을 거두어라.

세한도

 방학이어서 시골집에 혼자 와서 혼자 뒹굴뒹굴 논다. 아침밥 먹고 조금 있으면 점심밥 먹고 조금 있으면 저녁밥 먹는다. 날이 조금 훤해지면 서리가 하얗게 깔린 아침 강변 길을 존나게 달려도 본다. 발길에 채여 바삭바삭 구부러지는 언 지푸라기들 소리, 서리가 발등으로 톡톡 튀어오른다. 내 입에서는 허연 입김이 헉헉 풍겨 나오고, 귀싸대기가 열나게 시리다. 이제 다시는 일어설 수 없는 허리를 꺾인 풀잎들은 강을 향해 서 있고, 들판의 논들을 다 뜯어고쳐, 길이란 길은 다 빤듯하게 그어 버렸다. 논두렁은 없고 길뿐이다. 우리들은 세상을 얼마나 더 뜯어고쳐야 평안을 얻을까. 고향산천을 막무가내로 뜯어고치는 건설의 포크레인 소리, 여기저기 엄청나게 파뒤집어 쌓아놓은 흙더미, 아, 아, 하루라도 좋다 건설 없는 평화로움 속을 나는 거닐고 싶다. 정말 우린 왜 사는가? 뜯어고쳐야 할 세상을 두고 사람들은 강과 산을 뜯어고친다. 집에 돌아오면 어머니가 아침밥을 차려놓고 기다린다. 어머니는 내가 집에 와서 같이 밥 먹으니 좋으신 모양이다. 그래서인지 아침밥을 먹으면서

낮에는 뭘 먹을까를 묻는다. 그 말끝에 꼭 너그 각시가 혀준 것이 더 맛있쟈 라고 물으신다. 나는, 시대적인 사명을 다해버린 낡은 정치인들처럼 속 두고 말한다. 아니에요 어머니. 아침밥을 먹고 어머니는 새로 지은 우리 동네에서 제일 좋은 빨간 벽돌 슬래브집 회관으로 놀러 나가신다. 회관에는 완전히 혼숙이다. 회관 방에는 앉아 있기가 힘드신 동네 청춘남녀, 아니 노인들이 모두 이리저리 누워서 하루를 보낸다. 어느날 민해가 그 방에 들어갔다가 혼비백산 도망나와 하는 말이 "아빠, 내가 문 열고 들어서니까 할머니 할아버지들이 누워서 고개만 일제히 내 쪽으로 확 쳐드는 거 있지, 무섭드랑게, 핵핵." 하며 숨을 몰아쉰 적도 있다. 한참 있으면 어머니는 집에 오셔서 내 방에다가 사과, 귤을 넣어주시며 "하따 겁나게도 어지러놓고 있다인." 하시며 또 팔짱 끼고 회관으로 가신다.

내 방은 참 환하다.

밤이면 마을 앞 가로등 불빛에, 떠오르는 달빛에 마당의 나뭇가지들이 감정적으로 휘두른 회초리자국처럼 창호지 문에 어지럽혀져 있다. 하루종일 방이 훤해서 뭐든 다 보일 것 같지만 실은 뭐든 잘 보이지 않는 것이 내 현실이다. 현실은 엄연한데, 나는 내 마음이 내 마음에 들지 않는 구석이 더 많은 일들을 지금 하고 있다. 책을 낸다는 일들이 생각해보면 무지 시들하고 무지 부질없다고, 없다는 생각이 든다. 내 방은 문이 다섯 짝이나 되는데 모두 창호지로 발라져 있다. 내가 평생을 산 방이다. 나는 이 방에서 자랐다. 나는 이 방에서 겨울 시린 물소리를 다 듣고, 달 밝은 봄밤 소쩍새 소리를 나 혼자 다 들으며 앞산에서 애애애앵 애앵 우지끈 뚝딱 기계톱날에 넘어지는 저 파란 소나무 같은 청춘을 보냈다. 아아 그 길고 긴 세월의 하루하루여! 두 눈 똑바로 뜨고 자기를 바라보며 겁도 없이 강물로 뛰어들던 겨울날의 눈송이들이여! 내가 어릴 때 저 소나무 사이로 깡충깡충 뛰어가던 토끼들이 보였다. 외로움이 꿀처럼 달던 때였다. 외로움이 노란 소태나무 속처럼 쓸 때였다. 나의 분노는 강물을 차고 뛰어오르는 저문 날의 물고기들처럼 싱싱했다. 한없이 쓰고 달던 겨울날의 절망과 외로움들이 봄 산에서 산꽃이 될 때였다. 방바닥에 등을 딱 대고 빤듯하게 누워 있는데 차에다가 앰프 장치를 한 타이탄 트럭들이 하루 종일 작은 마을을 애물단지 쥐 드나들듯 들락거린다.
 "털 다 뜯은 닭 사세요."
 "개나 염소 파세요."
 "쉬나리고추* 파세요."
 "계란이나 달걀 있어요."
 어떤 할머니가 차 바로 옆을 지나가는지 낮은 확성기 소리가 들린다.
 "튀밥 튀세요 할머니. 안 튄다고요?" 모두들 동네 한 바퀴 잘 돌고 그들은 나간다.
 애애앵-애애앵- 날카롭게 돌던 기계톱날 소리가 잠시 그칠 때마다 산등성이에서 소나무들이 동네 쪽으로 어? 어? 파랗게 넘어진다. 넘어져 토막토막 잘려진 소나무들을 포크레인이 사정없이 아무렇게나 컥컥 찍어 번쩍

번쩍 들어올린다. 포크레인은 어떻게, 저렇게, 높은, 저런, 산꼭대기, 험한 비탈을, 다 올라갔을까? 너그들 정말 그렇게 아무 곳이나 올라가 파고, 뒤집고, 자르고, 산을 부술래 이 염병 삼년에 땀도 못 나고 뒈질 놈들아. (아아, 나는 정말 쌍욕을 하고 싶다.) 포크레인이 번쩍일 때마다 나무토막들이 뿔껑 들려져서 반 바퀴 휙 돌아 비탈진 땅에 내동댕이쳐진다. 저 높은 산에서 반 바퀴 돌다가 내팽개쳐지면 얼마나 어지러울까. 검은 염소 몇 마리가 노란 햇볕을 뚫고 낮은 시멘트 다리를 건너 마을 쪽으로 느시렁느시렁 걸어온다. 문재란 놈이 대낮부터 고주망태가 되어 전화를 걸어왔다. 형, 이, 씨, 시는 짧은 것이 시여. 뭣 같은 소리 마라 임마 시는 내 맘대로 쓰는 것이 시여 임마. 형, 이, 씨, 형은 조컸따 집에 있응게, 이, 씨, 근디 형, 형이 나 좋아한 것보다, 내가 형을 더 좋아하는 거 알아, 눈 오면 한번 가께. 어머니가 회관에서 돌아오시며 "용태가아, 또 밥 묵자, 밥 묵어. 세한에는 날씨가 세한 같아야 허는디 큰일이다 큰일."

어머니는 큰일난 세한도 한폭을 그리며 오신다.

"근디 누구허고 전화를 허간디 그렇게 욕을 허면서 웃냐?" "문재요." "뭐? 문제? 어디서 또 먼 문제 터졌냐?" 마루에 서서 보면 강가에는 바위투성이 산을 아무렇게나 굴러내려온, 껍질이 너덜너덜한 상처투성이의 소나무들이 서리를 허옇게 쓰고 새파랗게 얼어 꼼짝없이 누워 있다가 큰 차에 실려 강바람을 뚫고 어디론가 마을을 떠나간다. 구태으연들이 구케의 문을 때려부셔분 바람에 진짜 문은 안 열고, 어먼 문고리를 잡고 어먼 일에 열내고 있다는 참으로 쩨쩨하고 쪼잔시런 소식이 저 강물을 따라 흘러왔다는 소식이 금방 들려왔다고 어떤 소식이 전해와따고 전해왔다. 부도덕도 집단으로 부도덕하면 도덕이 되는 걸까. 더러워져도 여럿이 함께 더러워지면 사회정의적인 막강한 힘이 되는 걸까. 망가져도 집단으로 망가지면 윤리사회도덕적 힘이 솟는 걸까. 오! 너도나도 뭉쳐서 가자. 5천년 동안 썩어온 권력을 위해. 저 구케의언들의 심장은 무슨 심장일까. 저들의 얼굴에 깐 철판의 두께는 얼마나 두꺼울까. 저 뻔뻔스러운, 저 넌더리나는, 저 지겨운, 아아, 모두 구케의언이 되어가는 '반정치적인' 사람들. 싱건지, 총각김치, 썰지 않는 벌건 배추김치로 밥을 맛나게 퍼먹고 있는데 어머니는 또 "저녁에는 뭘 먹을래. 동태국을 끓일까? 찰밥을 한번 혀볼까? 아니먼, 니 각시가 사다주고 간 간고등어를 꾸어볼까." 그러시더니, "오늘 날씨가 참 푹허다 푹혀." 팔짱을 끼고 앞산 포크레인을 올려다보시며 "참, 존 세상이다. 참말로 무선 세상이다. 저 뽁대기까장 저 큰 '포크라인'이 올라가불다니."

어머니는 무서운 세한도 속으로 걸어 들어가신다.

나는 어디 놀러갈 데가 한군데도 없다. 어디를 좀 가볼까 하고 마루에 서면 어딘가 꽉 막히는 막막함으로 그냥 도로 방에 들어오고 만다. 방안이 자유다. 나는 내 방에 들어와 시를 읽다가, 생각해보니 하나도 재미없어서 내팽개쳐두고 오늘 새로 온 잡지를 읽으며 부른 배를

꺼친다. 인생이 불쌍하니 변소 바깥에서 힘주지 말라. 잡지사 몇군데서 전화 오고, 나도 몇군데 전화하고. 나는 하루 종일 밥 먹고 밥 꺼치는 일이 일처럼 매우 즐겁고도 한량없이 기쁘고도 구주 오신 것만큼이나 기쁘다. 어떤 책도 끝까지 다 읽은 책이 없어서 방은 더 어지러지고, 무지, 그리고 또 존나게 심심해서 창호지 환한 문을 바라보고 있으면 스르르 나도 모르게 기분이 삼삼하게 잠이 온다. 에라 모르겠다 나도 모르게 스르르 무너져서 잠이 들까 말까 기분이 째지게 황홀할 때, 깜박 꺼지려 할 때, 꼭 전화가 온다. "에이 누구데야 씨—" "여보 나야. 뭣 해. 밥 묵었어. 뭣이랑 묵었어. 어머님은? 나 안 보고 싶어. 근데 여보 밤이면 나 잠이 안 온단 말이야. 「박물관 옆 동물원」 보게 빨리 와. 끊어 안녕." 나는 시계도 안 보고, 문을 뿌셔부러서 나라가 시끄럽다는 뉴스도 인자 안 보고, 신문을 안 봐도 하루해가 제 길로 잘 저물어진다는 게 여간 재미진 게 아니어서, 나는 무지무지 조코 편타. 기다릴 것도, 기대도 없다. 내게도 희망 없는 날이 있음에 나는 복되도다. 해는 늘 앞산에서 떴다가 강을 건너와서는 우리집 뒷산으로 안전하고도, 참으로 한가롭게 진다. 해 뜨면 밥 먹고, 해 지면 밥 또 먹고, 어두워지면 불 켜고, 잠 오면 불 끄고 쿨쿨 잔다.

창호지 문에 어둠이 내리면 나는 일어나기 싫은 몸을 억지로 달래 일어나 전등에 늘어진 실을 잡아땡겨 불을 켠다. 밤이 깊으면 낮의 모든 소리들이 다 죽어불고 물소리만 크게 살아난다. 캄캄해지면 산은 돌아다니고, 물은 저녁 내내 내 머리맡을 흘러간다. 어머니는 저녁밥 드시고도 회관에 가신다. 회관에 가시기 전에 스텐으로 된 뚜껑 있는 요강을 마루에 놓으며 꼭 "너는 안 심심허냐? 요강 갖다 놨다 잉—" 하신다. 진짜 나는 심심하다. 심심하다는 말이 이렇게 실감나기는 처음이다.

어머니는 심심한 세한도 곁을 무심히 지나신다.

나는 요강에다가 오줌을 잘 안 싸고 어둠을 헤치고 나아가 논배미에다가 직접 '시비'하지만 요강에다가 오줌을 싸면 요강이 울린다. 내가 제일 처음 오줌을 싸면 더 근다. 손님이, 그것도 여자 손님이 오면 아무리 추워도 논배미에 가서 오줌을 싸야 한다. 어쩔 때 어머니는 회관에서 주무시고 새벽에 오시기도 하고, 어쩔 때는 집에서 주무시다가 새벽 4시에 회관에 가시기도 한다. 내가 잠에서 일찍 깨어 어머니 방에 가서 이불 속에 누우면 어머니는 온갖 동네 소식을 다 풀어놓으신다. 누구를 흉보기 시작하면 끝도 갓도 없이 그 사람 흉을 다 끄집어내어 일일이 낱낱이 아주 세세히, 지난날 어머니에게 서운했던 일까지, 다 흉보고, 불쌍하게 혼자 사는 사람 이야기가 나오면 또 끝까지 근다. 그런데 흉을 보았던 그 사람이나 불쌍하다고 한 그 사람이나 그 사람이 그 사람이다. 어머니는 그 사람이 그 사람인 이야기를 아주 생생하게, 어제의 일처럼 아주 리얼하게, 아주 생동감이 넘치게, 아주 감동적으로 잘도 하신다. 어떤 대목에 가서는, 새삼스럽게 발끈 화를 내시는 어머니 얼굴을 내가 가만히 건너다보고 있으면 어머니도 스스로 우스운지 날 보고 웃는다. 어머니의 이야길 한참 듣고 있으면 나는 옛날 사람들이 많이 살 때의 아침 징검다리를 생각한다. 사람들이 집짐승들을 데리고 일을 나가느라 물결이 반짝이는 아침 징검다리께는 늘 장정들과 건강한 여인들의 큰 말소리들이 싱그럽고도 눈부시게 붐비었다. 그 징검다리 물소리는 밤이 깊으면 점점 커지다가 새벽에는 잦아지다가 아침에 깨어나 금방 죽어버린다. 아까도 말했지만, 밤이면 어찌나 달이 밝던지 내 방 창호지 문은 밤 내내 아침같이 뿌연해서 저녁 내내 나는 계속 속는다. 자다 일어나 오줌 싸러 나가보면 정말이지 세상은 열받게 조용하다. 달빛에 반짝이는 빈 논바닥에 깔린 흰 서리, 어둠을 가득 안은 산, 내 시린 발등, 어디만큼 가버린 달. 언젠가 달이 없을 때 이렇게 오줌 싸러 밖에 나왔는데, 어찌나 별들이 곧 떨어질 듯 초롱거리던지, 나는 내 시린 손이 다 앞으로 나갔다. 손을 내밀면 별들이 손바닥 가득 떨어져서 꼬물거렸다. 어쩔 때 소변보러 나가서 잠을 잃어버리고 들어와서는 어둠하고 싸우다가 불을 켜고, 앉아서 뭘 해볼까 하지만 이 한밤에 일어나 중요하게 해야 할 만한 일이 내겐 없는 것 같아 '난 참

고독하다' 라는 생각이 든다. 고통이 확실할 때가 있었다. 이제 내 손에는 빛을 잃은 식은 별뿐인가? 외로움은 분노가 아니다. 세계를 향한 분노를 잃어버린 시인은 시인이 아니다. 아, 아, 이 새벽 어둠속을 흐르는 이 뜨거운 내 불덩어리들아 내 몸을 뚫어다오. 저 흐르는 강물 속을 미친 듯 떠다니며 부딪쳐 깨지는 차가운 얼음 조각들아.

굽이굽이 흘러가는 저 겨울 언 강을 들어 나를 후려치고 싶구나.

우린 벌거벗고 서 있다. 우리의 분노는 시장바닥 기둥에 걸린 조기대가리 입처럼 공허하다. 춥고 슬프다. 이 세기말의 새벽이여! 신새벽 찬바람 속을 뚫고 가는 물소리가 내 시린 등어리를 뚫는다. 야, 근디, 너그들, 정말이지, 어디까장 올라가서 나무를 베어 넘기고 땅을 파뒤집고 길을 뜯어고칠래. 그 지랄(그래, 이건 삶이 아니라 지랄이다)을 언제까지 할 것이냐. 엉! 그 일이 끝이 있을 것 같냐? 아, 아, 시는 망했다. 애애앵 애애애앵 아침 햇살에 반짝이며 도는 저 산정의 기계톱날 소리가 내 모든 것을 순식간에 싹둑 자르며 썬득 지나간다.
 어, 어, 아니, 이거 내 생각의 톱밥이 없쟈녀? 톱밥이? 냉랭한 아침 강바람 소리 끝에서 쓰러지는

 추운 시절의 저 소나무들, 슬프다.

 * 못 먹는 고추.

구절초꽃

하루해가 다 저문 저녁 강가로
산그늘을 따라서 걷다보면은
해 저무는 물가에는 바람이 일고
물결들이 밀려오는 강기슭에는
구절초꽃 새하얀 구절초꽃이
물결보다 잔잔하게 피었습니다
구절초꽃 피면은 가을 오고요
구절초꽃 지면은 가을 가는데
하루해가 다 저문 저녁 강가에
산 너머 그 너머 검은 산 너머
서늘한 저녁달만 떠오릅니다
구절초꽃 새하얀 구절초꽃에
달빛만 하얗게 모여듭니다
소쩍새만 서럽게 울어댑니다

봄바람에 실려가는 꽃잎 같은 너의 입술

저녁 내내 비가 온다
자다 깨다
물소리는 커지고
일어났다 앉았다 도로 누웠다 일어나 앉아
빗소리를 들으며
길어난 손톱을 자른다
빗소리를 따라
봄은 오는데,
봄은 저렇게 오는데
이렇게 길어난 손톱을 몇번이나 깎아야
너는 오느냐
너를 볼 수 있느냐
그리움을 뚫고
오는
빛나는 너의 얼굴을 언제나 마주보며
내 더운 손으로 너의 두 얼굴을 감쌀 수 있느냐

저기 저 꽃잎은 제 몸무게로 떨어지고, 떨어지는 꽃잎

은 봄바람이 실어간다.

  포크레인과 불도저가 이룬 세상은 포크레인과 불도저로밖에는 죽일 수 없다. 내가 나를 죽인다. 오호라! 저 거대한 집, 저 암 줄기 같은 죽음의 검은 아스팔트 길을 달리는 수많은 차들 위로 봄비가 소리치며 떨어져 검은 눈물로 흐른다.
  물오른 나무들 곁을 나는 지난다. 나뭇가지 끝, 이제 더는 견딜 수 없는, 그 끝에서 잎이, 꽃이 세상을 향해 터진다. 새잎만이 속살 젖고 영롱한 이슬을 단다. 얼굴이, 아무것도 걸리지 않는 이 내용물 없는 봄바람에 내 얼굴이 녹을 것 같다. 아, 가벼워라 안개 속에 안개비에 젖은 나무들, 잎 피기 직전의 꽃피는 저 잔가지들의 간지러운 끄트머리, 성스러운, 거룩하게 안개 속에 서서 비에 젖은 나무 곁을 지나면 또 잎 피는 한 나무가 한발 내 앞으로 나선다. 아, 작은 호수에 물결처럼 잔주름을 밀어내고 뼛속까지 환해지는 내 발등. 사랑하는 여인의 몸으로 내가 녹듯이 봄 들판 허공에 나는 녹아 스민다.

오, 자꾸 가벼워라 내 발걸음은, 사랑처럼 가벼워라. 봄비는 내용물 없는 봄바람을 타고 흙 위에 내린다.

비가 온다.

이렇게 실오라기 하나 걸치지 않은 빗줄기를 보면

나도 옷 벗고 싶어진다. 옷 다 벗고 이불 속에 있는 따스한 여인 곁으로 가듯 나도 옷 다 벗은 빗줄기와 나란히 아름다운 풀잎 위로 가고 싶다.

세상을 다 받아들이는 봄 들판, 그 들판에 쑥들이 돋아나고

밭에는 봄보리들이 파랗게 자란다. 아지랑이는 어디로 갔을까? 새 땅에 흐르는 물 불어난 시냇물을 건너면,

나무들이 내 앞에 끝없이 나서는, 나무들은 어디로 가지도 않고, 공부도 하지 않고, 제자리에 서서 세상에 필요한 것을 주고 언제 바라보아도 완성된 세계를 보여준다. 나무에게로 세상 모든 것들이 다 찾아간다. 별, 해, 달, 눈이 가고, 비가 가고, 나도 가고, 나무는 시다. 나무는 소설이다. 잎 피는 나무는 혁명정부다. 새 연인이다. 새로 쓰는 역사다. 나무는, 나무는, 나무는, 나무,

나무 또 나무를 올려다보며 한없이 성스럽게 잎 피는 나무들 곁을 지나
 이 봄
 당신에게로 가는 작은 길이 있습니다.
 그 길에는
 개미가 까맣게 기어다니고 잔 자갈들이 발바닥을 간질이는 길, 바람이 불면 먼지가 뽀얗게 이는 포풀러 나무가 띄엄띄엄 서 있는 한적한 길입니다.
 봄빛이 가득하면,
 처녀들이 빨래하는 시냇가에 붉은 소들이 풀을 뜯고
 그 푸른 언덕
 흙길을 따라 노란 꽃따지들이 이웃 마을로 놀러가는,
 사람들이 깐닥깐닥, 천천히, 느릿느릿 걸어서 집에 가는 길입니다.
 작고 어여쁜 산 하나를 발가벗겨놓고, 포크레인 두 대가 산꼭대기부터 산을 서서히 파먹고 있다. 수만년을 그려온 산의 아름답고 신비한 곡선을 지우고 있다. 깎아내린다. 포크레인 쇠손에서 버려진 흙들이 아우성으로 와

르르 굴러내리며 산산이 부서진다. 오! 오! 진실은 비명도 없이 묻힌다. 무서워라 흙을 버리고 흙을 파러 가는 저 막강한 포크레인의 손. 산이, 사람들이 다니는 길이 세상에서 사라진다. 아무 데나 막히고, 아무 데나 새 길이 생겨 우리는 턱없이 빨리 가고, 느닷없이 낯선 곳을 멀리 돌아간다. 저 산이 사라진 저 허공에는 무엇이 자리를 잡을까. 저 텅 빈 공간 너머로는 무엇이 보일까. 예고도 없이 덮쳐버린 저 거대한 흙더미 속에 묻힌 작고 어여쁜 집들. 아, 느닷없이 들이닥친 이 캄캄한 어둠을 어찌란 말인가. 먼 데 갔다가 돌아와 자기 집을 찾지 못하고 헤맬 산 짐승들은 어찌란 말인가. 그들의 집. 거기 살던 도토리나무와 상수리나무와 산벚나무와 원추리와 깨금나무와 진달래와…… 나비야. 저 청산을 어찌 날아가리. 저 허공.

저 비워진 허공의 공포.

신기하게도 아침에 본 아내에게서 학교로 편지가 왔다.

당신께.
당신이 사랑을 노래하는 시인이라는 게
오늘은 더 행복합니다
나도 어제, 내리는 봄비를 보며
당신 생각 많이 했습니다
늘 당신의 눈길이 머무는 강이며, 운동장
몇 안되는 아이들의 얼굴이 떠오르기도 했습니다
아이들이 감기에 걸려
따뜻한 숙직실에 초이, 소희, 창우, 다희 순서로 나란히 이불 속에 눕혀 한숨 재웠다는 당신,
당신이 서 있는 그 자리가
당신의 노래보다도, 이 세상 그 무엇보다도
더 아름답다는 걸 나는 압니다
오월이 오면 우리 만난 지 십육 년이 됩니다
십육 년을 하루처럼 내게 다정한 당신이지만
오늘 당신이 내게 불러준 사랑노래는
이 봄, 나를 다시 태어나게 합니다
당신이 나를 너무도 소중히 여겨

나는 이 세상에 귀한 사람이 되었답니다
여보 고맙습니다.
당신의 아내.

오! 이런?
산수유나무에서는 틀림없이 산수유 노란 꽃이 피고
진달래나무에서는 진달래꽃만 핀다는 것을 나는 안다. 그것도 봄에만 핀다는 것을.
내가 지나는 어떤 시골 집 뒤꼍 불지른 마늘밭에는 끝이 까맣게 탄 마늘이 땅을 뚫고 파랗게 지구 위로 솟아오른다. 어떤 놈은 작은 자갈을, 작은 흙덩이를 머리에 이고 솟아나며 세상을 두리번거리고, 어떤 놈은 작은 흙덩이를 가르며 솟고, 어떤 놈은 갓난아기 주먹만한 돌멩이 때문에 이 세상에 처음 나온 파란 몸이 구부러져 있다. 그래도 밀고 나온다. 아, 아, 그 피할 수 없는 돌멩이의 어둠을 피해 옆으로 나온다. 마늘싹이. 오! 저 땅을 뚫고 솟는 겁나는 힘, 지구를 끝까지 밀어올리는 저 놀라운 힘. 진실은 질 때도 있지만 묻히진 않는다. 그

뒷집 대문 앞, 해는 지는데

  어린 매화나무가
  혼자 눈부시게
  서 있다.

  꽃이 핀다.
  내 생각의 결정,
 그 절정의 끝에서 더는 참지 못하고 터지는 진달래꽃은 누구를 부르는 울음이더냐. 누구를 만난 웃음이더냐. 어디를 향한 외침이더냐. 울고 웃는 저 꽃은 내 시이다. 보아라! 세상의 나무들아. 하늘을 나는 새들아! 땅위를 걷는 짐승들아! 사람들아! 저 봄 나무에 잎이 피고 꽃이 피면 우리들이 어찌 꽃을 다 보겠느냐. 시는 세상의 꽃이다. 시를 가지고 폼잡는 사람들을 보면, 솔직히, 나는, 차라리, 한국영화 속의 깡패가 되고 싶을 때가 있다. 까만 양복에다가 짧은 머리 딱 벌어진 푸른 어깨와 무표정한 인상으로 각목을 들고 상대방을 박살내러 가는 모습은 그 얼마나 싱싱해 보이고 그들의 권력은 때로 그 얼마나 깨끗하고 귀엽고 산뜻한가. 비현실적인 죽음은 또 그 얼마나 극적인가. 시는 죽어가는 것들을 살린다. 이 하루, 길고 긴 하루 포크레인은 산과 허공의 경계, 그 모습을 얼마나 지워버렸을까. 다시는 그 산이 그려질 수 없는 그 허공, 비가 그냥 지나가야 할 그 쓰라린, 오, 낯선 저 허공.
 이제 다시는 어디에 다정히 닿을 길 없는 이 봄날의 가여운 저 빗방울들,
 산산이 부서지는 이름들.

 빗소리를 들으며,
 나도 몰래
 길어난 손톱을 차례차례 깎는다.
 그리움의 길이를 깎는다.
 이렇게 길어난 손톱을 몇번이나 더
 깎아야 너는 내 문을 똑똑 두드리며 오겠느냐.
 그리운 너의 얼굴을

내 두 손으로 감싸고
보드라운 너의 입술에
내 입술을 포갤 수 있느냐.

나는 기다린다
나의 사랑을.
동구의 검은 바위처럼, 죽어가면서 새로 잎을 피우는 뒷동산 느티나무처럼, 호젓한 산길을 내려오는 백도라지꽃처럼, 저 봄길 모퉁이를 돌아오는 그리운 너의 강물처럼, 나는 기다린다. 너를,
나의 시를.

봄바람에 실려가는 꽃잎 같은 너의 입술을.

잠시 빌려 사는 세상의 집들이 너무 크지 않느냐

어여쁘게 물든다
빨갛게 물든다
어여쁘게 물든다
노랗게 물든다
빨갛게나 더 두지
노랗게나 더 두지
어여쁘게 그냥 두지
가을 산
아, 가을 산이 간다

안개비가 내린다.
 잎 다 진 가을나무들이 안개 속에 서서 젖는다. 화사한 봄날 이슬비에 촉촉하게 젖어 날마다 새롭던 잎, 씻어낼 수 없는 죄는 화려하다. 저 단풍들 좀 보거라. 소리도 없는 안개비에 속살이 젖어 살아나는 화려한 색깔들을 좀 보거라.
 사람들이 시집을 보낸다. 이 멀고 먼 강가까지, 아이들이 떠드는 소리 안개 속에서 아득하다. 그들의 시와 사랑, 그들의 고뇌와 외로움, 그리고 그들이 걸어온 흔적들과 남아 있는 아득한 길. 삶은 때로 아득하니까. 때로 화려하게 물들고 싶은 우리들의 남루한 사랑, 한 편의 시로 한 채의 집을 지으려는 시인들의 애타는 몸짓들이 아슬아슬하지만 가을에 집이 그리 쉬운가.

  감이 익는다.

  아이들이 이파리 하나 없는 감나무를 그리고 감나무 아래 허술한 집 한 채를 짓고, 이 동네 저 동네 이 집 저 집 감나무 감이 익는다고 시를 쓴다. 꽃이 핀다. 노란 산국들이 마구잡이로 피어난다. 운동장가 벚나무는 붉은 옷을 다 벗는데, 그 나무 사이로 우체부가 빨간 오토바이에 '시의 집'을 싣고 온다. 사람들이 들어가 살 수 없는 그 집, 집안에서는 너무 덥고, 집밖에서 눈도 없이 바람만 차다. 보아라. 잠시 놀러와서 빌려 사는 세상의 집들이 내가 살기엔 너무 크지 않느냐.

  안개 속에서 돌아온 산하고 놀고 싶다.
  안개 속에 가만히 서 있는 나무 아래 서서 나무를 바

라보며 나무야, 나무야, 나랑 놀자. 잎 다 진 나무하고
놀고 싶다.

  이슬비가 내린다.
  산은 나무의 집이다. 산은 나무를 데리고 어디로 갔다
가 오는 걸까. 안개, 안개가 하얗게 다가오는데, 아이들
이 도화지에 감나무를 그린다. 아이들은 안개 속에서 무
엇이든지 다 그들 세상으로 데려온다. 감나무 검은 가지
의 붉은 감들이 파란 허공에 그려진다. 허공만이 진실일
까. 아무도 따지 않은 감들이 아이들 그림 속으로 들어
가 붉고 둥글게 금방금방 그려진다. 그 그림 속 산아래
강 언덕 감나무가 있는 지붕이 비뚤어진 집으로 나도 들
어가 문을 닫는다.

  집을 두고
  산은 간다.

  가슴에 지워지지 않는 사랑을 가진 사람들은 가을 강

으로 가고 싶으리라.
 가을에 물들지 않는 사랑이 있는가.
 가을에 지지 않는 사랑이 있는가.
 노랗게 단풍 물든 지리산 물푸레 나뭇잎같이 밟히는 화려한 사랑, 아, 그 선명한 사랑,
 이 세상 그 어디에도 감출 수 없는 사랑을 가진 사람들은 산을 내려와 강으로 내려가 젖고 싶으리라.
 강물은 흐르고
 산은 천천히 강에 내린다.
 아, 사람들아 가을비로도
 씻어낼 수 없는 화려한 무늬를 가진 사랑을 나는 보았어라.

 어여쁘게 더 두지
 빨갛게나 더 두지
 노랗게나 더 두지

 산이 간다.

어둠속에 꽃이 묻힐 때까지

아내는 시골집에 오면 잠을 잘도 잔다

어머니께서 어디 가셨다가 마당에 들어오시며 "민세 엄마 어딨냐" "자요" "호랭이 물어간다 시방" 햇살이 강기슭에 곱게 가닿는데, 아내는 잠자고 민세와 민해는 강에서 고기를 낚는다 민세가 고함을 지를 때마다 나는 문을 열고 나가 마루에 서서 강물을 본다 문 열면 산도 물도 꽃도 밭도 다 보인다 강기슭엔 파란 풀잎들이 돋아나고 키 큰 미루나무 푸른 가지들이 강물에 어리고 앞산엔 산복숭아꽃이 피어 붉다

'올해는 산들이 왜 저리 꽃으로 난리인가 모르겠네?'

새 풀이 돋아나는 강 언덕에 집이 있다는 것은 좋은 일이다 까치가 난다 민세가 또 고기를 한마리 낚았나보다 민해의 들뜬 소리가 강물 소리에 묻어 따라와 창호지 문에 묻는다 민세 낚시에 걸린 물고기가 허공에서 빙빙 돌며 반짝인다 산그늘이 가만가만 강을 건너간다 아, 저 저문 날을 내 얼마나 사랑하고 그리고 못 견뎌했던가 해

저무는 날의 슬픔, 해 저무는 날의 그리움, 해 저무는 날의 설레임, 외로움, 문을 열고 마루 기둥에 오래오래 기대서서 앞산을 넘던 뒷산 그늘, 조용한 산과 물,

  강물은 흘러도
  해는 강을 건너고
  앞산이 높아도
  햇살은 앞산을 넘어가는데
  저 건너 강 건너 해 넘어간 저 앞산에
  피는 꽃이 지금 피는 꽃이냐
  지는 꽃이냐
  산비탈에 붉디붉은 산복숭아꽃아
  아내는 긴 잠에서 깨어나 인적 없는 저문 강으로 저문 산을 잡으러 가네
  저문 물을 잡으러 가네
  혼자서 가네

  산이 있고 그 산에 나무와 꽃들이 살고

강물이 있고 그 강물에 비늘 반짝이는 고기들이 살고
　아이들이 그 산과 그 강과 꽃들을 보며 산다면, 살아, 아 살아 저 산에
　저 저무는 산 아래 기울어진 집 뒤안에, 하얗게 핀 오래된 살구나무 살구꽃같이 산에 바람에, 돌담에 기대어 서늘히 피고 곱게도 지고
　산아 꽃아 물아
　서쪽에 돋아나는 별들아
　천천히 걸어가는 사람들아
　아, 해가 저렇게 지고
　날이 이렇게도 천천히 저무는구나
　어둠이 이렇게도 천천히 찾아갈 곳을 다 찾아가는구나
　어둠을 따라다니다가 어둠의 끝에서
　진달래가 핀다
　아이들이 낚은 고기를 수대에 담아 왔다가 한참을 들여다보더니 다시 어둔 강물로 고기를 풀어주러 간다 아이들이 두런두런 돌아오고, 빈 수대에 묻은 몇개의 고기

비늘들이 봄 나비가 되어 강을 건너고
 물 만난 고기들의 기쁜 몸짓이 꽃이 되어 산을 간다

 누구나 해가 해같이 천천히 지는 것을 온전히 바라본다는 것은 행복한 일이다 천천히 오는 어둠속에 꽃이 묻힐 때까지 앉아서 누구나 자기를 보고 싶어한다. 나는 한발 뗄 수 있는 밝음만 갖고 싶다. 그 한줌 빛으로 나는 사랑을 이루고 시를 쓰고 싶다 아이들도 초상집에 가신 어머니도 강에 갔던 아내도 다 돌아온 밤
 소쩍새야, 소쩍새야,
 산에, 산마다 소쩍새가 운다

 시골집에 와서
 밤에도 창호지문 앞에 그림자같이 앉아 나는 오래오래 밤새 새소리를 듣네
 아내도 내 등뒤에서 밤새 새소리를 귀담아듣네

 어둠속에 꽃이 다 묻힐 때까지.

흰나비

 맑은 물이 깨끗한 자갈 위를 지난다 볼때기가 파란 아주 작은 꺽지 새끼가 흰 자갈 틈으로 얼른 숨고, 작아서 눈만 커다란 멍충이 새끼가 이 자갈에서 저 자갈 위로 자리를 얼른 옮긴다 흰 자갈 위에 어른거렸다가 사라지는 어린 고기들의 얇은 그림자

 강변에는 파란 풀밭이다 풀밭에 깨끗한 하늘색 돌들이 띄엄띄엄 박혀 있다 돌 둘레에 노란 풀꽃들이 피어난다 어디만큼 가면 강가에 희고 고운 모래들이 가만히 모여 있다 모래 속에는 꼬막 조개들이 속살을 모래 밖에 내어놓고 숨을 쉬며 산다 다슬기들이 모래 속에 몸을 끌며 느릿느릿 지나간 긴 자국이 선명하게 나 있다 그 아름답고 느린 길 끝에 가면 틀림없이, 확실하게 다슬기가 있다 모래 위에는 까만 내장이 훤히 보이는 모래색 물새우가 산다 인기척을 느끼면 새우들은 강물에 잠긴 풀 속으로, 강을 건너는 새 그림자처럼 얼른 숨기도 한다 두 손으로 새우를 떠보면 아, 살이 없는 것 같아서, 새우 저쪽 내 손금까지 환히 비친다

 그 모래에는 또 모래색을 닮은 알록달록한 물종개가

산다 강가에서 쑥을 뽑으면 하얀 긴 실뿌리가 나오는데 그 흰 뿌리로 올가미를 만들어 물종개를 올가미 안으로 가만가만 몰아 넣는다 올가미 속으로 물종개 목이 들어 갔다 싶을 때 얼른 휙 낚아채어 쑥대를 휙휙 돌리면 바동거리는 물종개의 막막한 힘이 손에 느껴졌다

  어디만큼 가면 물의 깊이가 발등을 적실까 말까 하는 여울가 잔 자갈밭에 붉은 불거지들이 짝짓기를 하며 논다 빨갛고, 파랗고, 흰색 띠를 확실하게 두른 불거지들의 거침없는 사랑놀이로 물결이 요동을 치고 부서진 물살이 푸다닥푸다닥 희게 튀어오른다 물을 차고 오르며 물위로 온몸이 다 드러나도록 쫓고 쫓기다가 어떤 놈은 자기도 모르게 물 밖으로 튀어나가 그 붉고 당당하고 화려하고 헌걸찬 몸뚱이로 뜨거운 자갈밭 자갈을 적시며 펄떡펄떡 뛰기도 한다 둥둥하고 퍼르르한 등이 물위로 나오도록 물을 가르고 헤치는 그 날랜 몸놀림 속에 맑은 해가 지고 산그늘이 내린다 강변 자운영 붉은 꽃들이 산그늘 속에 서늘하게 뜬다

  오월 강물에는 아직 찬 기운이 남아 있다

산그늘이 강물을 건너기 시작하면 종아리가 막 하얘지기 시작하는 계집아이들이 소쿠리를 들고 풀밭을 걸어가 냇물에 발을 담근다 해 지면 돌 밖으로 기어나오는 다슬기를 한 마리 두 마리 잡아 한주먹이 되면 소쿠리에 담는다 다슬기가 소쿠리에 떨어지는 찰삭찰삭 소리가 먼 데까지 들린다 하얀 종아리가 부끄러운 계집아이들이 흐르는 강물에 치맛단이 젖도록 치마를 내리고 눈썹이 흐르는 물에 닿을 듯 말 듯 물 가까이 눈을 들이대고 물 속을 들여다본다 아, 나비 같다 계집아이들은, 해 서문 강물에 날개를 실짝살짝 적시며 강을 건너가는 하얀 나비 같다 하늘이, 서쪽 하늘이 붉고 계집아이들의 볼도 따라 붉다 붉거지들이 사랑놀이로 일으킨 물살이 계집아이들 종아리까지 와닿는다 물에 코를 박은 계집아이들의 고운 등어리 저쪽 물위를 낮게 날아다니는 하루살이들을 채먹으려고 물고기들이 물위로 펄쩍펄쩍 튀어오른다 고기들의 그 몸짓으로 물에서는 소낙비 소리가 나고 물위에는 수없이 많은 동그라미들이 죽고 산다 얼마나 큰 고기가 물위로 튀어올랐다가 떨어지는지 치르

륵치르륵 물소리에 계집아이가 고개를 살짝 들고 소리 나는 쪽을 본다 그 물고기가 떨어지며 만들어낸 물결이 다른 잔물결을 다 잡아먹고 계집아이들 치맛단에 닿아 죽는다 물이 어두워 다슬기가 안 보이고 물이 잠잠해지자 한 계집아이가 소리없이 허리를 펴고 일어나 저만큼 엎디어 있는 아이를 부른다 처음같이, 세상에 태어나 제일 처음 하는 말같이 "야, 거시가 우리 그만 집에 가까" 잡은 다슬기를 한번 채처럼 까불어 반들거리는 까만 다슬기를 들여다보고 물가 낮은 돌멩이 위로 올라가 젖은 발바닥을 따뜻한 돌멩이에다가 닦는다 젖은 종아리는 닦지도 않고 물에 젖은 치마를 두 손으로 탈탈 털어 가만히 내리고 오른쪽 발등을 왼쪽 치마폭에, 왼쪽 발등을 오른쪽 치마폭에 번갈아 살짝 문지르고 치맛단에 가리워져서 보일 듯 말 듯한 하얀 맨발을 풀밭으로 내딛는다 싱싱한 풀짐을 짊어진 총각들이 제일 늦게 나오는 저 산속까지 다 환해지는 서늘함, "어 남산에 벌써 거지별이 떴네" 계집아이 둘이 거지별을 올려다보며 발길이 빨라진다

해가 뜨고
떴던 해가 지고
달이 떴다 지고
어제 떴던 곳으로 해가 또
떠서 지던
그런 하루가 있었다
꼴망태 가득 자운영 꽃을 베어 어깨에 메고 집에 오다 보면
검정 치맛단이 물에 젖은 계집아이들이 티없이 맑은 눈을 내리깔고 종종걸음치는 모습에
곱게도 어둠이 덮여오는
그런 마을의 하루, 그런 하루가
있었다

시의 귀가 열렸구나

 왜 황지우가 생각났을까.

 아이들이 다 돌아간 텅 빈, 적막한 운동장 건너까지 햇볕은 빈틈없이 눈부시다. 운동장가에 서 있는 나무 사이로 파란 호수의 물이 보인다. 짙푸른 녹색을 배경으로 피어 있는 오렌지색 금잔화 몇송이는 촌스럽게 어울린다. 지우야, 나여. 용택이랑게. 뭐, 용태기 형이라고? 거기가 어디여? 종합학교라고? 근디 종합학교가 뭐허는디여?. 그냥, 있어 그런데가. 형 차 몬다고? 그래. 야, 참 진보다 진보여. 버린 거지 뭐. 전주로 갔담서. 어느 동에 살아. 중화산동인가? 거긴 장영달의원 지역구 아녀? 정동영은 덕진군디. 근디, 요새는 조각 안허냐. 응 서울로 와버리니 작업실도 없고 해서 뭐 그냥저냥 지내. 앞산을 절반쯤 가린 커다란 느티나무 잎들이 몇개 가만가만 흔들리다가 만다. 쬐꼴새 나는 여름 산허리 햇살이 깊다. 앤솔러지 시집마다 지우의 이름은 맨 끝에 있다. 지우는 맨 꼴찌에서 말한다.

뜯긴 지붕 아래로 새 들어오는 빛 띠에 떠 있는 먼지
나는 그걸 음악이라고 생각한다

어느해 겨울이었다. 눈이 많이 내리다 그친 하늘이 파란 날 나는 우리집 골방에 누워서 박용래의 시를 읽고 있었다. 문구멍이 뚫린 곳으로 햇볕이 새어 들어와 방바닥에 동전보다 조금 큰 하얀 동그라미를 만들어놓고 있었다. 나는 읽던 시를 놓고 그 동그라미를 가만히 내려다보고 있었다. 파란 햇살 띠를 따라 먼지들이 부유하고 있었다. 그때였다. 잠깐, 어떤 그림자가 방바닥에 그려진 밝은 빛 동그라미 안을 지나갔다. 순간 나는 얼른 문을 열고 뒷산을 보았다. 작은 뱁새 한마리가 눈 쌓인 뒷산으로 날아가고 있었다. 눈이 눈부셔, 날이 너무나 깨끗해서, 눈물이 나오는 산천이었다.

잘 지내야인. 그려 형도 잘 있어. 가만, 지금 거기 전화 한 데가 어디여 형, 지날 일 있으면 들를게. 여그는 섬진강 댐가여. 전주에서 순창 가는 길인디 운암대교 건너기 전에 오른쪽으로 모텔이 있거덩. 뭐 모텔이라고? 응, 모텔이 네 동이나 있당게. 뭐 네 동이나? 그 사이로 오다가 한굽이 돌면 학교가 있어. 마암분교여, 분교. 수화기를 놓을 때까지 노란 금잔화가 맑은 햇살 퍼진 운동장 건너 저쪽 조그만 언덕에 아직도 촌스럽게 가만히 피어 허공에 떠 있다.
 노란 꽃.
 아, 김수영이 달라고 하던 노란, 저 샛노란 꽃.
 순간 멍먹했던 시의 귀가 환하게 열린다.

 아, 배고파.

귀거래사

 오랜만에 고향에 돌아와 거니네.
 길을 걷다가 때로 돌부리에 채여 피 흘렸다네.
 아팠던 내 발자국을 찾아 딛으며 마을을 돌고 강을 건너려 하니, 느닷없는 소낙비가 푸른 앞산을 지나 돌들을 적시며 강물을 딛고 건너오네. 들어보았는가 푸른 산을 그리며 강을 건너오는 빗줄기들의 저 희디흰 발소리들을. 잔등이 젖은 소 고삐를 쥐고 비에 쫓기던 소년들이 하얀 머리로 동네 모정에 앉아 손에 잡힐 듯한 옛 빗줄기들을 아득히 건너다보네. 길을 걷다가 뒤돌아 산을 보았더니 어느새 나도 산과 함께 쉬었었네. 오! 아름다운 내 생의 길들이여! 어제 같은 산과 새로 오는 물이여! 인생은 꽃잎 실은 강물처럼 흘러만 갔다네.
 비 지나면 강에 햇살은 내리고, 등 푸른 고기떼가 하얀 몸을 허공에 띄우며 검은 바위 위를 넘어오는 물을 차고 힘차게 거스르네. 저 등 푸른 몸짓들의 거침없음이여.
 비 지나간 여름 한낮이 어이 이리 해맑고 적막한고. 적막하고 적막해서, 허리 휜 풀잎 같은 산등성이 하나를 그리며 따르다가 산 난간 끝에 나는 아슬아슬하게 서서 세상을 보네. 아, 지금 내 몸을 휘게 하는 것이 이슬이라면, 한방울 이슬이라……

 강으로 돌아앉아 한나절 내내 해 내린 강물에 어리는 산과 나무들을 바라보고, 백년을 넘게 산 느티나무 그늘 아래 서서 달을 바라보며 시를 생각해도 내 맘은 생전 편치 않았으이. 아직도 나는 깨끗한 옷을 입고 이 강길을 한가롭게 걷지 못한다네. 잠든 우리 어머니의 손가락에 초승달 같은 두께와 길이의 흉터들, 그 흉터까지 내 생각은 그 얼마나 짧고, 내 글은 그 얼마나 턱없이 긴가. 뒤집혀진 강변에는 키 큰 풀들이 어둔 몸으로 서 있고, 나를 몰라보는 돌멩이들이 캄캄한 얼굴로 나를 바라보고 서 있네. 세상을 사랑하고 사람들을 그리워했으나, 이 강 언덕에 서면 세상 사는 일이 왜 이리 늘 외롭고 두려운가. 동네에는 빈집이 너무 많으이. 살진 논과 밭과 그들의 산에서 쫓겨온 사람들이 넋놓고 산을 보다 산이 되어 산으로 가 눈을 감네. 캄캄하게 텅 빈 빈집에는 하늘을 나는 저 제비들도 집을 짓지 않고, 달빛도 풀 자란 집 마당이 무서워 숨네.

 서럽다네. 수없이 많은 밤, 어둠속 깊이 눈길 끝을 박고 뚫어져라 어둠을 보며 서 있을지라도, 먹빛 같은 밤을 하얗게 지새우며 뒤척인다 해도, 달빛을 손안에 가득 움켜쥐고 강변을 다 헤맨다 해도 내 안에서 울리는 저 산의 울음소리들을 찰나 같은 내 일생으로 어이 다 담아낼 수가 있겠는가.

 달빛이 넘어온 산 끝의 저 흰 날, 산 날에 베인 달빛을 받아 싣고 흐르는 강물, 그 강에 시퍼런 풀잎들이 물을 가르며 떠내려가도, 내 이 손은 세상에 무엇인가. 오래 걸어온 내 발바닥은 그 무엇인가 말일세.

 바위 속이 하얗게 비위지는 눈부신 허공을 본다네. 세상을 사는 일이 때로 서러웠으나, 부끄럽지는 않으려 했다네. 이제 생각해보면 부질없는 것들만이 내 생을 괴롭혔으이.

 달과 나와 저 적막한 작은 들과 검은 나무들이 달빛 아래 서 있네. 나 혼자 동네 모정에 앉아 나를 두고 자꾸 서산으로만 가는 무심헌 달을 본다네. 참 무심도 허이 저 달은. 하얀 달빛 아래 나아가 홀로 서봐도, 달이 싫어 달 그늘에 숨어도 이제 나는 나를 감출 수 없으이. 개도 짖지 않고, 새도 울지 않고, 닭도 울지 않는 이 밤을 나는 다 지나고 있으이. 이 밤에 저 산을 어이 오를까. 이 밤으로 저 강을 어이 건널까. 이 밤을 내 어이 다 울어볼까. 내 마음이 밤바람 부는 고향 달 아래 천갈래 만갈래로 난 길들을 찾아 이리 울고 서 있으니……

내 마음이 고향 달 아래 옥수수 넓은 잎처럼 무심한 달빛을 흘리며 서 있으니.

....

아,
아침해와 지는 해가 고왔던 산등성들아
그 세월의 푸른 물결 위에
꽃같이 피어났던
얼굴들아
저문 해를 따라
모를 꽂던 정다운 손길들아
푸르러지는 강 언덕 느티나무에 살랑대던

봄바람아
앞가슴 풀어헤치고
청춘의 파란 달빛을 차며
들길을 달리던 싱그러운 어깨들아
밤을 새워 울던 새들아
산을 그리며 내리던 하얀 눈송이들아
내 마음에 들어와 앉아 놀던 어린 산들아
새벽 어둠을 하얗게 가르며 서쪽 하늘에서 스러지던 새벽 별들아
내 왼쪽 팔을 베고 내 쪽으로 돌아누우며 눈을 감던 사랑아!

아, 나는 지금 시를 써놓고도 제목을 지을 수 없으이. 바람 타는 풀잎 끝처럼 마음이 이리 뿔뿔이, 흩날리며, 정처가 없으니
어쩌겠는가.
달이 저리 멀리 가는 것을…… 이 세상 어디로 흐르는 명주실같이 가는 달빛 한가닥을 퉁겨보네.

아, 내 여린 살을 파고 지나가던 그 서늘한 풀잎이여!
이슬처럼 천천히 맺혀오던 해맑던 피여!

오!
내 생이여!

풀잎

밖에서 학교 아저씨가
예초기로 풀들을 사정없이 쓰러뜨린다.
풀들은 에에앵에에앵 파랗게 질려 쓰러지기도 하고,
쓰러져 잘게 썰린 풀들은
햇볕을 튕기며 투투둑 허공으로 파랗게 튀어오른다.
빈틈없이 돌아가는 예초기 날에 부딪치는 작은 돌멩이들은
불똥을 튀기며 부서져 뒹굴고
풀밭에서 쫓겨난 메뚜기와 귀뚜라미와 거미들이 정신없이 맨땅으로 튄다.

교실에서는 아이들이 시를 쓴다.
해바라기들은 지난 여름 폭우로
넘어졌다가 꾸부정하게 일어서서
노랗게 꽃잎을 열며 교실 안을 들여다본다. 아이들이 인상을 쓰며 무엇인가를 골똘히 생각하다가 연필심에 침을 발라 생각을 푼다. 글을 쓰다가는 또다시 얼굴을 잔뜩 찡그리고 창 밖을 보다가 인상을 쫙 펴며 글을 쓴

다. 세희에게는 잠자리가 나는 것이 시가 된다.

 다희는 새끼 잠자리를 잡고
 나는 큰 잠자리를 잡았다. 날개를 보다가 살려주었다. 잠자리가 날아가는 모습이 지금도 눈에 선하다. 잠자리는 멀리 날아갔다.

 예초기 소리가 뚝 그치고
 잠자리들이 날개를 반짝이며 잘린 풀잎 위를 부산하게 난다.
 잘린 풀잎들은 아직도 파란 피가 돌아 반짝이는데, 예초기는 죽어 싸늘한 쇠가 된다.

 진욱이는 새 이야기를 쓴다
 형과 함께 놀고 있는데 갑자기 참새가 들어왔다. 그래서 아빠가 문을 닫고 참새를 못 도망가게 했다. 그런데 참새가 유리창에 머리를 부딪쳤다. 아빠가 참새를 가지고 식탁에 올려두고 아빠와 형이 죽었다고 했다. 그런데 참새가 눈을 깜박 했다. 산 것이 분명했다. 이번에는 참새가 꼬리를 틀었다. 그런데 아빠와 형은 선풍기 때문이라고 했다. 나는 그래서 선풍기를 껐다. 그래도 참새는 꼬리를 들고 나를 보는 듯했다. 나는 참새에게 모이를 주고 쓰다듬어주었다. 참새가 정신을 차렸나 형 앞에서 날 준비를 해서 형이 "악!" 소리를 냈다.

아빠는 참새를 손으로 잡고 새장을 찾았다. 나는 그때 햄스터가 예전에 살던 집이 떠올랐다. 그래서 나는 아빠에게 말하고 아빠는 그 속으로 넣고 모이를 주었다. 그러고 보니 참새가 모이를 좀 먹고 있었다. 나중에 우리를 보면서 푸드득 날고 있었다.

산그늘이 내리자
잘린 풀잎들이
새떼가 되어
서쪽 하늘로
해를 끌고
날아간다.

숲

 따사로운 햇살이 찾아든
 저 오월의 숲 속에서는 무슨 일들이 일어나고 있는지 우린 모르지
 새로 피어나는, 한없이 여린 새 이파리들이 그리워했던 새 세상을 보고 깜짝깜짝 놀라는 저 눈부신 눈빛에 나는 놀라네
 오, 반가워라 손을 흔드는 새살 같은 새 이파리들아
 하루 종일 이파리들 위를 거니는 어린 해야
 이따금씩 지나가는 구름아
 비야
 안개야
 흔들어, 온몸을 흔들어주는 바람아
 해가 지면 천천히 내려오는 산 그림자야
 어린잎들이 눈감고 잠을 자도록
 빛 속에서 살아나는 어둠아
 지금은 빛나는 5월,
 나는 지금 빛들이 온갖 장난을 치는 숲 속을 거닌다네

지금 저 숲 속에서는 무슨 일들이 일어나는지 우린 모르지
다람쥐가 새로 피어나는 넓적넓적한 상수리나뭇잎 밑을 지날 때
상수리나뭇잎이 깔깔 웃으며 손끝으로 다람쥐 꼬리를 건드리고
한없이 부드러운 손을 뻗어 다른 나뭇잎을 건드리며
서로 신비로워서 깜짝깜짝 놀라는 저 몸짓들을 좀 보라지
어, 저 오리나무 아래 연보라색 아기붓꽃 보아
고사리도 손을 쪽 폈구나 두릅잎도 피고, 찔레순도 자랐네
너는 둥굴레 싹이구나 캄캄한 땅 속에서 얼마나 천천히 솟았기에
이리 파랗게 싹을 틔우니
만져도 만져지지 않을 것만 같구나
놀라움뿐,
잎 피는 오월의 숲에서는 놀라움뿐

온몸이 다 흔들리는, 구름을 딛는 것 같은 어지러움,
이 황홀함, 나는 할말을 잃네.
 오월의 숲에서
 나는
 나를 잃고
 새 잎이 되네.

눈이 오면 차암 좋지?

눈이 오면 좋지?
눈송이들이 하늘에서 하얀 색으로 펑펑 내려오는 것을 보고 있으면
마음이 참 편안해지기도 하고 무슨 일인가 좋은 일이 일어날 것만 같아 설레기도 하고
캄캄하게 잃어버린 어린 날들이 환히 불켜지기도 해
턱을 고이고 앉아
아주 천천히 지상으로 하염없이 내려오는 눈송이들을 보고 있으면 참 행복해
무슨 말인가 자꾸 하고 싶지
눈은 이리저리 어디나 내리므로
내 마음속에 감추어져 있는
슬픔의 빨랫줄에 가 앉기도 하고
추억의 키타줄을 딩동 건들며 가기도 하지
그리움의 호수에 가만가만 떨어져 금세 사라질 파문을 만들기도 하고
어떤 나뭇가지에는 그냥 앉지 못하고 살짝 비켜가기도 해

그리고, 눈은 어디에 내리든 다 녹아
  눈이 녹지 않으면
  눈이 아니지
  내리는 눈을 이렇게 오래 바라보고 있으면 누군가 꼭 올 것만 같지?
  "안 그래?" 하며 나 혼자 옆을 쳐다보며 웃기도 한다니까
  누군가 그리운 사람이 눈을 가득 쓰고 뚤방에서 두 발을 쿵쿵 굴려 눈을 털면서
  "어어, 참 눈이 많이도 온다."고 투덜거리며
  들어설 것만 같아
  그리움에 젖은 눈길이 자꾸 문밖으로
  가고
  나는 손을 깨끗하게 씻고
  싶어
  손을 깨끗이 씻고 밖으로 나가
  그리운 사람이 되어 나도 저렇게 누군가에게 내리고 싶어

눈이 오면 참 좋지
그렇잖아
저렇게 깨끗한 것들이 어디에 있다가
저렇게 수도 없이 지상으로 내려오는지
내리는 눈송이들을 바라보는 일이 일인 날
생이 저 눈송이만큼이나 가벼운
이런 날은 심심해서
참
행
복
해

향기

길을 걷다가

문득
그대 향기 스칩니다

뒤를 돌아다봅니다

꽃도
그대도 없습니다

혼자

웃습니다

저 산은 언제 거기 있었던가

나를 버리러 간다
될 수 있으면 아주 밝은 곳으로
될 수 있으면 아주 어두운 곳으로
나를 버리러 간다
될 수 있으면 아주 높은 곳으로
될 수 있으면 아주 낮은 골짜기로
될 수 있으면 가장 더러운 곳으로
될 수 있으면 가장 깨끗한 곳으로
나를 버리러 간다
될 수 있으면 가장 멀리, 다시는 돌아오지 못할 곳으로

우습다 10년을 반성하지 않는 시가 우습고, 20년을 반성하지 않는 시가 우습고, 30년을, 40년을, 50년을, 반성하지 않는 시가 우습고, 나를 반성하지 않는 시가 정말 우습다 그렇지 않느냐 우스워 죽겠는데 웃지도 않고 시를 쓰는

나를 반성하지 않는 내가 우습고 너를 반성하지 않는 내가 우습고 몇천년 동안 한번도 반성 없는 우리의 정치

가 우습다
　새벽 달빛에 봄이 오고
　새벽 달빛에 내리는 흰 서리, 내려다보는 땅 위에 쑥들이 돋고, 어둠속 내 맨발은 시리다
　새봄이 와서
　꽃이 피고
　흘러가는 강물에
　꽃같이 고운 얼굴들이 떠간다
　새가 운다
　산아
　지리산아
　3월 지리산아
　꽃은 어이 피고 지는고
　지리산 아랫도리 가지가지에 살이 터진 매화야
　매화는 찬바람 끝을 잡고 피어난다
　나를 버리러 간다
　가장 화창한 봄날,
　꽃들이 가장 만발한 봄날

강물이 가장 파란 봄날
바람이 가장 부드러운 봄날
더러운 세상의 끝까지 보이는 환한 봄날
나를 버리러 간다
돌 틈에다가, 푸른 하늘에다가, 커다란 바위 위에다가,
사람들이 가장 많이 다니는 길에다가, 만발한 매화꽃 가지 아래에다가 그리고,
돌아서서 걸으마
그리운 너를 만나러, 다시는 헤어질 수 없는 너를 만나러
오, 내 사랑의 끝, 그 캄캄한 절벽 끝에서
내 한발 내디뎌
저 산은 언제 저기 있었고
저 강은 언제 저리 길이 났던고?

뜬구름

구름처럼 심심하게 하루가
또
간다
아득하다
이따금 바람이 풀잎들을 건들고 지나가지만
그냥 바람이다

유리창에 턱을 괴고 앉아
밖을 본다. 산, 구름, 하늘, 호수, 나무
운동장 끝에서 창우와 다희가 이마를 마주대고 흙장난을 하고 있다

호수에 물이 저렇게 가득한데
세상에, 세상이
이렇게 무의미하다니.

가을, 평화동 사거리

그때 당신은
평화동 사거리 신호등 앞에 서 있었습니다. 당신의 치맛자락에 산들바람이 불었습니다. 바람이 불자, 이마에 흘러내리는 머리칼을 당신은 손가락으로 빗어 올렸지요. 손가락들을 따라 올라간 당신의 까만 머릿결을 곱게 따라 흘러내려간 햇살이 당신의 등뒤 치마 끝 마른 허공에서 반짝 떨어졌습니다.
나는 그때 머리를 빗고 내려가는 당신의 흰 손가락 끝에서
문득 가을을 보았습니다.
당신은 코스모스꽃처럼 화사한 무늬가 박힌 치마를 하늘거리며 또박또박 걸어 내 차 앞을 무심히 지나 시내 쪽으로 가고
나는 차를 타고 구이 쪽으로 갔습니다.
당신이 누구인지 나는 모릅니다.
다만 당신이 세상 속으로 그렇게 가고 내가 가는 세상에는
가을이었습니다.

겨울, 평화동 사거리

눈이 옵니다
당신은 평화동 사거리 신호등에 걸려 서 있습니다
눈이 옵니다
당신의 까만 머릿결에도
당신의 고운 어깨에도
당신의 발등에도
당신의 주름진 옷깃에도
눈은 내리면서 당신의 모습을 그립니다
당신은 내리는 눈을 올려다보고
저만큼 내려가는 눈송이들을 바라도 보고
당신의 발 아래 떨어지는 눈을 가만히 내려다보다
 고개를 돌려 당신 옆에 서 있는 사람의 어깨 위에 내리는 눈을 바라보기도 합니다
 눈은 살아 있는 것처럼 세상에 닿아 잠깐! 잠깐! 하면서 사라집니다
 녹은 눈 위에 눈이 오고 녹은 눈 위에 눈이 오고
 그 위에도 눈이 오고 그 위에도 자꾸 눈이 옵니다 살아 있는 것처럼 숨을 쉬는 것처럼

마치 나를 알아보는 것처럼
나를 진즉 알고 있었다는 것처럼
신호등이 깜박거립니다
깜박거리는 신호등불에 비치는 붉은색 눈송이,
당신은 그 어느 가을날처럼 내 앞을 지나갑니다 나는 당신을 알지만,
당신은 나를 알 리 없습니다
당신의 치마폭을 잠깐 따르던 하얀 눈송이들,

구이로 가며
나는 흩날리는 눈발 속에
푸른 소나무 한 그루를 칩니다.

맨발

 가을비 그친 강물이 곱다
 잎이 다 진 강가 나무 아래로 다희가 책가방 메고 혼자 집에 가는데, 그 많은 서울 사람들을 다 지우고 문재는, 양말을 벗어 옆에다 두고 인수봉을 바라보며 혼자 술 먹는단다.

 이 가을 저물 무렵,
 다희도, 나도, 나무도, 문재도 고요한 혼자다

시를 쓰다가

시를 쓰다가
연필을 놓으면
물소리가 찾아오고
불을 끄면
새벽 달빛이 찾아온다
내가 떠나면
꽃잎을 입에 문 새가
저 산을 넘어와
울 것이다

해설

나무 밑에서 물을 바라보는 사람

남진우

 아직도 꽃과 새, 바람과 별, 흐르는 강물과 푸르른 숲에 대한 시가 가능한가. 들길을 거닐고 시내를 건너 도달할 수 있는 문학의 낙원, 시의 산정이 존재한다고 믿을 수 있는가. 지금 이 시대에 어느 정도의 허위의식 없이 자연이나 전원 혹은 대지의 아름다움과 풍요로움을 노래하는 시가 불리어질 수 있는가. 그러한 시들은 무엇을 말해서가 아니라 무엇을 말하지 않고 있다는 점에서 삶의 진실을 은폐하고 있는 것은 아닌가. 개개인의 머리끝에서 발끝까지, 의식은 물론이고 무의식까지 철저히 도시화 산업화 정보화한 세계에서 자연이란 향수의 대상이거나 이미지로서만 현상하는 가상의 존재이기 쉽다. 우리 시대에 자연을 노래한 많은 시편들에서 아나크로니즘의 혐의를 찾아내게 되는 것은 그 때문이다. 재래의 전통서정에서 작금의 신서정에 이르기까지 자연을 의지하고 자연에 침잠하며 자연으로 귀환하는 상상력과 언어의 흐름은 줄기차게 이어져오고 있지만 최근으로 올수록 그것의 적실성에 대한 의구심이 증대하게 되는 것은 그 때문이다.

많은 평자들이 지적했듯이 현대시는 주체와 대상, 자아와 세계의 합일이라는 동일성의 시학에 균열을 내며 등장했다. 이제 지상의 그 어느 곳에도 서정적 자아를 구제해줄 치유와 위무의 터전은 마련돼 있지 않으며, 휴식과 재생산을 약속해주는 모성적 공간은 남아 있지 않다. 대신 전면화되는 것은 분열과 갈등의 언어이며 일탈과 위반의 상상력이다. 강철과 콘크리트와 유리에 포위된 세계에선 시 또한 금속성의 날카로움과 첨예한 공격성을 구비하지 않을 수 없게 되었다. 시는 현실에 상처를 내며 스스로 현실의 상처의 일부가 됨으로써 존속하는 길을 택했다. 시는 죽음의 질서가 보편화된 세상에서 섣불리 초월을 노래하기보다는 초월의 불가능성을 증언함으로써 당대의 유언으로 남는 새로운 생존 방식을 추구하고 있다.

이런 관점에서 보자면 김용택은 현대시의 일반적 경향과 동떨어진 자리에서 시의 전통적 흐름을 계승해오고 있는 시인으로 평가될 만하다. 늦깎이로 시단에 데뷔하여 첫시집 『섬진강』을 낸 이후 지금에 이르기까지 다수의 시와 에세이를 발표하면서 활발하게 창작활동을 해온 그의 문학적 궤적은 한결같이 자연으로 고향으로 집으로 회귀하고자 하는 회향의 상상력의 지배를 받아왔다. 그는 우리 시대 그 누구보다 질박하고 꾸밈이 없는 언어로 자연에 다가가 자연을 닮은 시를 쓰고자 하는 자연 친화적 시인으로 인식되고 있다. 물론 지난 연대에 씌어진 작품의 상당수가 억압적인 정치권력에 대한 비판이나 돌진적 근대화가 낳은 부작용에 대한 풍자를 담고 있다는 점에서 그의 작품세계가 지닌 리얼리즘적 측면을 높이 평가할 수도 있다. 그러나 이 시인의 특장이 가장 잘 드러나는 것은 역시 서정적인 언어로 농촌 공동체의 훼손되지 않은 삶을 그리거나 자연의 무구한 아름다움에 다가가고자 할 때이다. 그럴 때 그의 시는 우리 시대에 보기 드문 목가로서 은근하면서도 깊이 있는 울림을 선사해준다. 그는 우리가 일상적으로 경험하는 한정된 세계 너머에 존재하는, 중세의 한 철학자의 말을 빌리면, "만물에 깃든, 눈에 보이지 않으나 변함이 없는 질서"에 눈을 돌리도록 만든다. 그것이 곧 자연질서(natural order)의 숭고한 아름다움이며 그런 자연과 어울려 사는 삶과 노동의 존엄함이라 할 수 있다. 예컨대 이번 시집의 표제작이기도 한 다음 작품에서 우리가 만나게 되는 것도, 약간의 추상화를 거치긴 했지만, 역사적 일상적 시간의 소모적 덧없음에서 비켜나 자연질서 속에서 인간의 위치를 자각하고자 하는 화자의 모습이다.

강가에 키 큰 미루나무 한그루 서 있었지
봄이었어

나, 그 나무에 기대앉아 강물을 바라보고 있었지

강가에 키 큰 미루나무 한그루 서 있었지
여름이었어
나, 그 나무 아래 누워 강물 소리를 멀리 들었지

강가에 키 큰 미루나무 한그루 서 있었지
가을이었어
나, 그 나무에 기대서서 멀리 흐르는 강물을 바라보고 있었지

강가에 키 큰 미루나무 한그루 서 있었지
강물에 눈이 오고 있었어
강물은 깊어졌어
한없이 깊어졌어

강가에 키 큰 미루나무 한그루 서 있었지 다시 봄이었어
나, 그 나무에 기대앉아 있었지

그냥,
있었어

——「나무」 전문

이 시는 표현의 평이함과 투명함에도 불구하고 전달하고자 하는 내용이 쉽사리 포착되지 않는 작품이다. 그것은 특히 이 시의 마지막 연 "그냥,/있었어"라는 간명하고도 단정적인 구절이 담고 있는 의미의 복합성에 의해 한층 강화된다. "그냥"이란 말은 그 표면적 단순함과 달리 결코 "그냥" 씌어진 말이 아니기 때문이다.

 화자와 강물과 나무의 삼각구도를 통해 시인이 말하고자 한 것은 존재의 연속성과 무상성인 것으로 보인다. 봄 여름 가을 겨울 차례대로 계절은 흐르고, 화자는 나무에 기대어 앉거나 눕거나 서서, 시간의 추이에 따라 변화해가는 강물을 바라보거나 그 소리를 듣고 있다. 계절이 한 바퀴 순환하는 동안 풍경은 조금씩 달라지지만 "그냥 있음"이라는 화자의 자세에는 변함이 없다. 여기서 화자는 동양철학에서 이야기하는 '현명한 수동성'의 상태, 즉 무위(無爲)를 구현하고 있다. 무위란 단지 '아무것도 하지 않음'(doing nothing)이 아니라 '의도적인 행함이 없음'(without deliberate action)을 가리킨다. 그는 세계의 질서와 존재의 운동에 적극적으로 개입하는 것이 아니라 무념무상의 상태에서 정관하고 있을 따름이다. 일차적으로 그것은 혼탁한 세태에서 벗어나 도달한 고요한 마음의 휴식 상태를 가리킨다. 옛 철인이 "아무 것도 행하지 않지만 행해지지 않는 것이 없다"(無爲而無不爲矣)라고 말한 상태, 세속적인 욕망의 추구를 멀리하고 마음의 침전물을 다 가라앉힌 다음의 평화와 안식을 의미하는 것이다.

그러나 좀더 유심히 위 시를 들여다보면 이 작품이 단순히 탈속의 포즈만을 이야기하고 있는 작품은 아니라는 암시를 받게 된다. "그냥"이라는, 얼핏 읽어서 대단히 초탈한 듯이 여겨지는 구절에서 묻어나는 것은 뜻밖에도 깊은 슬픔이다. 화자의 "그냥 있음"은 관조적인 동시에 대단히 애상적이어서 이 시 전체를 삶의 하염없음에 대한 비가로 읽게 만든다. "지나가는 것이 다 이와 같구나. 밤낮으로 멈추지 않는구나"(逝者如斯夫, 不舍晝夜)라는『논어』의 탄식어린 구절이 말해주듯 화자가 바라보는 물은 곧 시간의 흐름을 상징한다. 화자가 자연의 일부가 되어 바라본 자연의 운행은 화자로 하여금 내밀한 고독에 잠기게 한다. 그는 홀로 있으며 스스로 닫혀 있다. 물을 바라보는 사람은 세상으로부터 멀리 떨어져 홀로 자신의 내면과 대좌하고 있는 사람이기도 하다. 한없이 깊어지는 강물처럼 화자의 마음도 깊어지고 삶과 세상을 응시하는 화자의 우수어린 시선도 깊어지는 것이다.

　　호수에 물이 저렇게 가득한데
　　세상에, 세상이
　　이렇게 무의미하다니.
　　　　　　　　　　　　——「뜬구름」부분

　　가을비 그친 강물이 곱다
　　(…)

이 가을 저물 무렵,
다희도, 나도, 나무도, 문재도 고요한 혼자다
—「맨발」부분

  시인은 호수에 고여 있는 물을 보며 불현듯 삶의 무의미를 깨닫고 영탄하기도 하고, 가을비 그친 강물을 보며 새삼스럽게 자신이 "고요한 혼자"라는 사실에 직면하기도 한다. 그의 외로움과 허탈함의 이면엔 평상시 노출시키지 않은 "세계를 향한 분노"(「세한도」)와 더불어 "그리움에 젖은 눈길"(「눈이 오면 차암 좋지?」)로 회상하는 사라져버린 과거 한 순간에 대한 애틋한 향수가 자리잡고 있다.
  그런 의미에서 그의 시에 등장하는 물과 나무는 외부의 풍경을 재현하는 차원에서 제시된 것이 아니라 화자의 내면공간에 자리잡은 상상적 구성물로 초대되었다고 할 수 있다. 나무에 기대어 강물을 바라보며 명상하는 화자는 보리수 아래서 참선한 부처나 흐르는 물을 보며 유유자적 수양하는 선비의 모습을 그린 전래의 고사관수도(高士觀水圖)를 연상하게 한다. 그는 내면 깊숙이 침잠해서 우주적 차원의 관조를 수행하고 있는 것이다. 곧게 자란 나무의 수직성에 멀리 흐르는 강물의 수평성이 대조되고, 나무의 고정성에 강물의 유체성이 대조된다. 정지/운동에 머무름/멀리 감이 대비되는 것이다. 이는 다시 시간적으로 영속성/순간성의 대조적 효과를 불러일으키고 있다. "그냥 있음"은 자연의 이러한 유구한 원리를 수긍하고 순리를 따르는 정신을 의미한다. 의지 없이 물은 흘러가고 인도됨 없이 식물은 자란다. 자연(自然)이란 말의 뜻 그대로 "스스로 그러함"의 상태에 있을 때 존재는 비로소 충일함을 느낄 수 있다.

이처럼 시인의 귀향은 자연으로의 귀의를 나타내는 동시에 자신을 소환하고 자신 속으로 침참해들어가는 운동을 가리킨다. 그것은 근원을 향한 순례이자 내면으로의 길을 지시하고 있다.

> 아내는 나를 시골집에다 내려놓고 차를 가지고 돌아갔다.
> 갑자기, 가야 할 길과
> 걸어야 할 내 두 발이
> 흙 위에 가지런히
> 남는다.
> ——「겨울, 채송화씨」 부분

> 시골집에 와서
> 밤에도 창호지문 앞에 그림자같이 앉아 나는 오래오래 밤새 새소리를 듣네
> 아내도 내 등뒤에서 밤새 새소리를 귀담아듣네
> ——「어둠속에 꽃이 묻힐 때까지」 부분

이 시집의 상당 부분을 차지하는 산문체의 시들은, 홀로, 혹은 가족과 함께, 어머니가 계신 고향의 시골집에 내려와 무위도식에 가까운 시간을 보내는 나날에 대한 일기에 가깝다. "방학이어서 시골집에 혼자 와서 혼자 뒹굴뒹굴 논다"(「세한도」)라는 구절이 말해주듯이 그는 일상에서 놓여나 의도적으로 나태함과 느긋함의 비생산성에 탐닉한다. "해는 늘 앞산에서 떴다가 강을 건너와서는 우리집 뒷산으로 안전하고도, 참으로 한가롭게 진다. 해 뜨면 밥 먹고, 해 지면 밥 또 먹고, 어두워지면 불 켜고, 잠 오면 불 끄고 쿨쿨 잔다." 자본주의의 생산지상주의적 속도에서 벗어나 있는 시골집에서의 시간은 참으로 느리고 한가롭게 흘러가며 여일하게 반복된다. 그의 행동 반경은 방과 마당이란 좁은 공간 내에 국한된다. "나는 어디 놀러 갈 데가 한군데도 없다. 어디를 좀 가볼까 하고 마루에 서면 어딘가 꽉 막히는 막막함으로 그냥 도로 방에 들어오고 만다. 방안이 자유다." 시인이 때로 해학적으로 때로 서정적으로 들려주고 있는 시골집에서의 일상에 대한 묘사는 한편으로 안온한 자족감을 안겨주면서 다른 한편으로 쇠락해가는 존재 앞에서 사람들이 느끼게 마련인 일말의 서글픔을 전해주고 있다. 자연의 주기가 생활의 리듬을 결정하는 시절로부터 우리는 너무 멀리 떨어져나온 것이다. 물론 이 시골집도 세상과 완전히 단절된 것은 아니어서 때로 정치권의 "참으로 쩨쩨하고 쪼잔시런 소식"이

들려오기도 하고

  구태으연들이 구케의 문을 때려부셔분 바람에 진짜 문은 안 열고, 어먼 문 꼬리를 잡고 어먼 일에 열내고 있다는 참으로 쩨쩨하고 쪼잔시런 소식이 저 강물을 따라 흘러왔다는 소식이 금방 들려왔다고 어떤 소식이 전해와따고 전해왔다. 부도덕도 집단으로 부도덕하면 도덕이 되는 걸까. 더러워져도 여럿이 함께 더러워지면 사회정의적인 막강한 힘이 되는 걸까.
                                       ——「세한도」 부분

개발을 빙자한 무분별한 자연생태계의 파괴가 지척에서 벌어지는 것을 목격하기도 한다.

  작고 어여쁜 산 하나를 발가벗겨놓고, 포크레인 두 대가 산꼭대기부터 산을 서서히 파먹고 있다. 수만년을 그려온 산의 아름답고 신비한 곡선을 지우고 있다. 깎아내린다. 포크레인 쇠손에서 버려진 흙들이 아우성으로 와르르 굴러내리며 산산이 부서진다. 오! 오! 진실은 비명도 없이 묻힌다. 무서워라 흙을 버리고 흙을 파러 가는 저 막강한 포크레인의 손.
    ——「봄바람에 실려가는 꽃잎 같은 너의 입술」 부분

정치든 경제든 이 세상을 실질적으로 지배하는 것은

"막강한 힘"이다. 그 힘 앞에서 일상의 작은 진실은 파괴되고 훼손된다. 정작 "뜯어고쳐야 할 세상을 두고 사람들은 강과 산을 뜯어고치"(「세한도」)려 든다. 고대 그리스인들은 히브리스(Hybris)라 부른 인간의 오만과 과도함과 무절제가 신의 징벌을 초래한다고 믿었다. 제어기능을 잃어버린 채 무반성적으로 불필요한 과속과 가식으로 이루어진 삶을 탐닉하고 있는 현대인들이야말로 히브리스에 빠진 인간의 전형이라고 할 수 있다. 이런 삶의 방식은 공허만을 낳을 뿐이다.

저 산이 사라진 저 허공에는 무엇이 자리를 잡을까.
저 텅 빈 공간 너머로는 무엇이 보일까.
(…)
저 비워진 허공의 공포.
——「봄바람에 실려가는 꽃잎 같은 너의 입술」부분

위에 인용된 구절에 나오는 "텅 빈 공간" "허공"은 바로 만물을 생산하는 창조적인 무(無)가 아니라 약탈적 기술문명과 대안적 전망의 부재가 초래한 결핍과 상실과 혼돈의 상징이다. 이 비어 있는 시간, 비어 있는 공간 앞에서 화자는 두려움을 느낀다.
시인은 바로 이러한 현실 앞에서 무기력할 수밖에 없으며 그의 회향은 이런 현실로부터의 잠정적 퇴각을 의미한다. 그는 시골집이라는 어머니의 영지, 그 자궁과도 같은 공간에 은신한 채 새롭게 힘을 충전하고 있다. 시인이 구수한 이야기에 실어 들려주는 시골에서의 삶의 방식처럼 세상은 매순간 빠르게 변해가는 듯이 보이지만 그 밑 혹은 그 뒤엔 변치 않는 유구한 흐름이 있다. 그것을 시인은 나무-꽃-씨앗 같은 식물성 이미지로 포착하고 있다. 어머니의 품에서 자아의 갱신을 모색하는 그는 식물성의 꿈을 꾸고 있는 것이다.

어머니 혼자 사시는 우리집 마당에 발길 닿지 않는 땅이 이렇게 많이 있다니? 가만가만 돌아다니며 마당 가득 발자국을 꾹꾹 찍어본다. (…) 발 밑에서 참지 못하고 깔깔대는 까만 채송화씨들이 세상을 걷느라 두꺼워진 내 발바닥 깊은 속살에 닿는다. 살아 있는 씨가 세상의 정곡을 찌른다.
━━「겨울, 채송화씨」 부분

우리의 전통민속 중의 하나인 지신밟기를 연상시키는 위 장면은 시골집으로의 귀환이 상상적으로는 모태회귀에 다름아니라는 것을 말해주고 있다. 성적 함축이 담긴 상징적 행위를 통해 그는 어머니와 일체가 된다. 그것은 모든 생명체의 어머니인 대지-자궁(earth-womb)의 품에 파묻힌 "채송화씨"의 이미지로 변주된다. "칠십 평생 고된 노동으로 이룬 따뜻한 어머니의 잠 속으로 들어가 자고 싶다. 어머니의 깊은 잠만이 나를 새로 깨울 꽃이다"

는 구절은 이를 잘 말해준다. 어머니의 마당에 꽃을 내장한 씨앗이 숨어 있듯 화자는 어머니의 잠 속에서 꽃을 피울 시간을 기다리고 있는 씨앗이다. 불모의 계절인 겨울을 지나 신생의 계절이 찾아오면 그 씨앗은 꽃으로 활짝 피어날 수 있을 것이다. 이 시집에 수록된 시편 여기저기에 수놓여진 아름다운 꽃과 잎과 싹들의 찬란한 축제를 보라.

다시, 꽃나무가, 시 한편이 고스란히 세상에 그려진다.
흰 꽃 속에서 새가 운다.
아이들이 꽃나무 아래에서 하늘을 올려다본다. 꽃이파리들이 아이들 사이를 날아다닌다. 아이들이 날아다니는 꽃잎을 쫓고, 의현이와 은미가 시를 쓴다.
──「올페」부분

내가 지나는 어떤 시골집 뒤꼍 불지른 마늘밭에는 끝이 까맣게 탄 마늘이 땅을 뚫고 파랗게 지구 위로 솟아오른다. 어떤 놈은 작은 자갈을, 작은 흙덩이를 머리에 이고 솟아나며 세상을 두리번거리고, 어떤 놈은 작은 흙덩이를 가르며 솟고, 어떤 놈은 갓난아기 주먹만한 돌멩이 때문에 이 세상에 처음 나온 파란 몸이 구부러져 있다. 그래도 밀고 나온다. 아, 아, 그 피할 수 없는 돌멩이의 어둠을 피해 옆으로 나온다.
──「봄바람에 실려가는 꽃잎 같은 너의 입술」부분

안개비가 내린다.

잎 다 진 가을 나무들이 안개 속에 서서 젖는다. 화사한 봄날 이슬비에 촉촉하게 젖어 날마다 새롭던 잎, 씻어낼 수 없는 죄는 화려하다. 저 단풍들 좀 보거라. 소리도 없는 안개비에 속살이 젖어 살아나는 화려한 색깔들을 좀 보거라.

——「잠시 빌려 사는 세상의 집들이 너무 크지 않느냐」부분

어, 저 오리나무 아래 연보라색 아기붓꽃 보아
고사리도 손을 쪽 폈구나 두릅잎도 피고, 찔레순도 자랐네
너는 둥굴레 싹이구나 캄캄한 땅 속에서 얼마나 천천히 솟았기에
이리 파랗게 싹을 틔우니
만져도 만져지지 않을 것만 같구나
놀라움뿐,
잎 피는 오월의 숲에서는 놀라움뿐

——「숲」에서

시인은 감동에 차서 피어나는 꽃과 물드는 잎과 솟아나는 싹을 노래한다. 나무를 포함하여 식물이 연출하는 수직상승의 운동엔 생명의 불멸성에 대한 의지가 깃들여 있다. 나무는 천상과 대지를 연결하는 통로이자 어둠속에서

빛을 지향하는 순수 에너지의 화신이다. 그래서 때로 예초기에 잘려나간 풀잎이 새떼가 되어 하늘을 비행하는 환상을 가능케 하기도 한다. "산그늘이 내리자/잘린 풀잎들이/새떼가 되어/서쪽 하늘로/해를 끌고/날아간다."(「풀잎」) 여기서 풀잎은 지상의 인간이 천상의 신에게 띄워보내는 전령으로 나타난다.

이처럼 그의 시엔 자연의 순환이 있고 생명체의 생성이 있으며 그것을 바라보고 찬탄하는 화자가 있다. 자연은 연인이자 교사로서 화자에게 삶과 세상에 대한 변함없는 진실을 알려준다. 시인은 자연이 시연하는 만물의 화육운동에 동참하여 인간과 자연 사이에 새로운 언어의 가교를 놓는 사람을 가리킨다. 삶이란 살아 있는 존재가 자기 안에 간직하고 있는 본성을 차례로 실현시켜나가는 과정에 다름아니다. 인위적 조작을 멀리하고 자연과의 직접적이고 원초적인 조화를 유지하는 것, 이것이야말로 시인이 보기에 삶의 가장 으뜸가는 원리가 아닐 수 없다. 이처럼 계절의 순환에 따라 나고 죽고 다시 태어나는 식물의 생장은 이 시인으로 하여금 존재의 연속성에 눈을 뜨게 한다. 다음 작품이 말해주듯, 아버지에서 아들로 이어지는 고단하고 남루한 일상의 풍경에서 시인이 발견한 것은 삶의 엄숙한 영속성이다.

어머니는 동이 가득 남실거리는 물동이를 이고 서서 나를 불렀습니다

용태가아, 애기 배 고프겄다
용태가아, 밥 안 묵을래
저 건너 강기슭에
산그늘이 막 닿고 있었습니다
강 건너 밭을 다 갈아엎은 아버지는 그때쯤
쟁기 지고 큰 소를 앞세우고 강을 건너 돌아왔습니다
이 소 받아라

아버지는 땀에 젖은 소 고삐를 내게 건네주었습니다
　　　　　　　　　　　　　　—「이 소 받아라」 부분

　식물이 탄생과 성장과 죽음과 재생의 연속적인 패턴을 따르듯 인간 또한 한 개체의 죽음으로 끝나는 것이 아니라 부모에서 자식으로 이어지는 연속체를 구성하고 있다. "이 소 받아라"라는 아버지의 언명은 단지 일회성의 심부름에 머무는 것이 아니라 자신이 온 생애를 다해 이룩해온 것의 수호와 계승의 의미를 함축하고 있다. 여기서 아버지가 어린 화자에게 "소 고삐"를 건네주는 것은 옛날 선사가 제자에게 의발을 전수하는 것과 동일한 의미를 품고 있다. 아버지가 어머니-대지인 밭을 갈듯 시인은 언어의 밭을 경작하는 농부이다. 소 고삐를 건네받은 어린 목동은, 하이데거적 의미에서 "존재의 목동"으로서 자신에게 주어진 임무를 완수해야 한다. 그것은 대지와 생명의 수탁자로서 인간에게 맡겨진 의무를 다하는 것이다.

그에게 자연은 개발과 변형의 대상이 아니라 시중들고 배려하고 보살펴야 하는 상호연관의 관계에 있다. 이 시인의 회향 충동의 근저에 있는 것은 이처럼 시를 통해 만물의 어머니이자 존재의 집으로 회귀하고자 하는 근원 지향성이 자리하고 있다. 그에게 시쓰기는 아버지가 노동을 통해 파종과 개화와 수확을 하는 일련의 과정과 동일한 것이다. 보다 정확히 이야기해서 그는 시를 쓰는 게 아니라 시를 꽃피우고자 한다.

꽃이 핀다.
내 생각의 결정,
그 절정의 끝에서 더는 참지 못하고 터지는 진달래꽃은 누구를 부르는 울음이더냐. 누구를 만난 웃음이더냐. 어디를 향한 외침이더냐. 울고 웃는 저 꽃은 내 시이다. 보아라! 세상의 나무들아. 하늘을 나는 새들아! 땅위를 걷는 짐승들아! 사람들아! 저 봄 나무에 잎이 피고 꽃이 피면 우리들이 어찌 꽃을 다 보겠느냐. 시는 세상의 꽃이다.
——「봄바람에 실려가는 꽃잎 같은 너의 입술」 부분

수화기를 놓을 때까지 노란 금잔화가 맑은 햇살 퍼진 운동장 건너 저쪽 조그만 언덕에 아직도 촌스럽게 가만히 피어 허공에 떠 있다.
노란 꽃.

아, 김수영이 달라고 하던 노란, 저 샛노란 꽃,
순간 멍먹했던 시의 귀가 환하게 열린다.
—「시의 귀가 열렸구나」부분

시는 꽃이며, 역으로 꽃은 시를 가능케 하는 촉매이다. 생각의 절정에서 시=꽃이 피며, 꽃을 보는 순간 시의 귀가 환하게 열린다. 시인이 끊임없이 다가가고자 하고 그리워하는 대상은 곧 시에 다름아니다. 시인이 "너"나 "당신" 혹은 "내 사랑"이라고 부르는 대상은 궁극적으로 시를 가리킨다.

시냇가에 파란 새 풀이 돋아나고
풀잎 끝에서 태어난 아름다운 물은
풀잎들 사이를 지나 어디로 가는가, 그리고
오, 내 사랑은 어디에서 어디를 지나 내게로 와 이리 슬프게 내 몸에 닿는가
—「때로 나는 지루한 서정이 싫다네」부분

돌아서서 걸으마
그리운 너를 만나러, 다시는 헤어질 수 없는 너를 만나러
오 내 사랑의 끝, 그 캄캄한 절벽 끝에서
—「저 산은 언제 거기 있었던가」부분

시는 삶으로부터의 도피가 아니라 삶 속으로의 적극적 투신이며 삶을 증대시키는 기술이다. 사람살이의 괴로움과 슬픔, 허망함과 충만함을 오가며 이 시인이 써내는 시편은 궁극적으로 가족과 이웃과 문학에 대한 순정한 사랑으로 귀결된다. 시인이 물과 나무, 즉 자연과 밀착해서 발견해낸 생의 변함없는 진실은 모든 존재들의 상호연관이자 상생의 이치이다.

물론 사회적 가속도가 지배하는 세상에서, 사랑마저 인스턴트화해서 쉽게 제공되고 소비되는 시절에 이런 사랑타령-시쓰기는 "지루하"게 여겨질 수 있다. 그래서 시인도 유머러스하게 때로 자신도 지루한 서정이 싫다고 말하고 있는 것이다. 그러나 사랑이란 사랑하는 대상에게로의 "느린 다가감" 외에 아무것도 아니다. 시인은 빠른 변화에도 불구하고 영구히 지속되는 것에 관심을 돌리고 그것의 가치를 일깨운다. 미셸 세르는 현대문명을 "너무 많은 소음, 너무 적은 리듬, 전혀 없는 멜로디"라는 구절로 요약한 적이 있다. 김용택의 시는 이런 삭막한 세상에서 우리가 망각해버린 리듬과 멜로디를 상기시키는 아름다운 음악으로 존재하고 있다.

시인의 말

물소리에 문득 눈을 떴다. 새벽이다.
오랜만에 시집 후기를 쓴다.
그동안 아이들 곁에 있었다.
산과 강과 나무와 작은 운동장과 아이들.
운동장에 눈이 오고, 바람이 불고, 비가 오고, 꽃이 피고, 잎이 피고, 오! 내게 와서 꽃처럼 피어나는 아이들, 아이들은 나무처럼 자랐다. 세상에 태어나 아이들의 곁에 있게 된 것은 내 인생의 큰 행운이었다. 감출 수 없는 내 생의 축복이었고, 여한이 없는 날들이었다. 많은 분들의 분에 넘치는 관심과 인정이 나와 아이들에게 햇살처럼 쏟아졌다. 그 사랑이, 그 믿음이, 그 인정이 나를 나무의 새 잎처럼 세상으로 밀어올린다.
지금도 나는 대지처럼 든든하신 어머니 곁에 있다. 일상이 유쾌한 아내와 두 아이들, 나에 대한 그들의 사랑은 차고 넘친다. 그들을 배경으로 나는 한그루 나무처럼 세상으로 가는 길에 서 있다.
곧 봄이 올 것이다. 세상에 봄바람이 불고, 세상을 색칠해가는 풀과 나무 끝의 꽃과 잎들이 산을 이루리라.
사랑하고 감동하고 희구하고 전율하며 사는 것이다.

로댕의 이 말은 내가 발 딛은 이곳과 마음 머물고 눈길 가는 지금 저곳이, 실감나는 나의 현실이게 한다.

시란, 시인이란 무엇이냐? 솔숲을 찾아든 햇살 속, 허공을 가르며 눈부시게 내려오는 솔잎 하나 오! 오! 눈부신 자유, 나는 아직 두려움을 모른다.

2002년 2월 새벽 봄빛 묻은 섬진강 강가에서
김용택

창비시선 214
나무

초판 1쇄 발행/2002년 2월 25일
초판 8쇄 발행/2016년 10월 11일

지은이/김용택
펴낸이/강일우
편집/고형렬 유용민 염종선 문경미
펴낸곳/(주)창비
등록/1986년 8월 5일 제85호
주소/10881 경기도 파주시 회동길 184
전화/031-955-3333
팩시밀리/영업 031-955-3399 · 편집 031-955-3400
홈페이지/www.changbi.com
전자우편/lit@changbi.com

ⓒ 김용택 2002
ISBN 978-89-364-2214-1 03810

* 이 책 내용의 전부 또는 일부를 재사용하려면 반드시
  저작권자와 창비 양측의 동의를 받아야 합니다.
* 책값은 뒤표지에 표시되어 있습니다.